누구나
쉽고 재미있게

사고력 수학

노크

D5
(11~12세)

연산

이 책을 보시는 부모님들께

머리가 좋아야 수학을 잘 한다는 말이 있습니다. 또, 수학을 잘 못하는 아이는 아빠, 엄마의 머리를 물려받아서 그렇다는 등의 난데없는 유전자 논쟁이 벌어지기도 합니다. 하지만 많은 사람들의 일반적인 생각과는 달리 이는 근거없는 이야기입니다. 외국의 한 연구 기관에서 언어, 사회, 수학, 과학의 네 가지 분야 중 어떤 것이 아동의 선천적 재능에 영향을 받는지 조사한 연구 결과를 발표했는데 일반적인 예상과는 다르게 선천적 재능에 영향을 받는 순서는 사회, 언어, 과학, 수학 순이었습니다. 다시 말해, 수학은 여러 학문 분야 중 선천적인 재능보다는 후천적인 환경이나 교육자, 학습자의 노력에 가장 큰 영향을 받는 학문이라 볼 수 있습니다. 수학의 가장 기본이 되는 '수 영역'의 예를 들어 보겠습니다. 아이들이 수를 처음 접하는 시기의 차이는 있지만 실제 수에 대한 감각과 수를 다루는 연습은 생활 속에서의 체험이나 다양한 활동, 학습 속에서 이루어집니다. 즉, 수학의 가장 기본이 되는 수는 선천적으로 가진 재능과는 거의 연관이 없으며 자라나면서 어떤 환경에 놓이는지, 얼마나 많이 수를 생각할 수 있는 기회가 있는지, 나이에 맞는 올바른 학습을 만날 수 있는지에 좌우됩니다. 그러므로 아이의 수학적 발달에 문제가 있다면, 그 아이가 누구를 닮아서 그런지, 지능이 떨어지는지를 따질 것이 아니라 수학적 힘을 기를 수 있는 학습 환경을 어떻게 만들어줄 것인가를 고민해야 합니다.

국제영재교육연구소의 랜즐리 소장은 영재의 기준을 마련하기 위해 여러 연구를 시행한 결과, 영재의 공통적인 특징들을 발견하였습니다. 첫째는 115 이상의 지능지수(IQ), 둘째는 창의력(Creativity), 셋째는 동기적 요소라고 부르는 끈질긴 근성과 과제집착력이었습니다. 이들 세 가지 요소 역시 선천적으로 타고 나는 부분도 물론 있겠지만 대부분 후천적인 학습이나 교육 활동을 통해 기를 수 있는 능력이라는 데에 이의를 제기하기는 힘듭니다.

천재교육

연산

누구나
쉽고 재미있게

사고력 수학

노크

최용준
한헌조
해법수학연구회

D5
(11~12세)

실생활에서 만나는
쉽고 재미있는
사고력 수학!

체계적인 **8개 영역**
학습으로
고른 두뇌 발달!

사고력 수학의
다양한 유형을
한눈에 보는!

저자

한헌조 (서울대학교)

현) (주)지식과상상 대표이사
전) 타임교육 상무이사
전) 매스티안 대표이사
전) 시매쓰 연구소장

이처럼 수학적 능력은 후천적 학습 환경에 주로 좌우되며, 특히 어린 시절에는 그러한 경향이 더더욱 두드러집니다. 하지만 우리의 아이들을 둘러싼 수학적 환경을 다시 한 번 돌아봅시다. 초등학교를 들어가기 전부터 과도한 학습량과 무의미한 반복 활동, 이후의 수학 학습에 오히려 방해가 될 정도로 무리힌 선행 학습 등의 환경은 아이의 수학적 힘을 길러주기보다는 수학에서 가장 중요한 창의적 사고력을 기를 수 있는 기회를 박탈함과 동시에 수학에 대한 흥미를 급속하게 떨어뜨리게 하여 수학으로 문제를 해결하려는 의지, 즉 수학적 동기를 스스로에게 부여하는 것을 불가능하게 만들어 버립니다. 중요한 것은 남들보다 먼저, 그리고 더 많이 수학적 지식을 머리 속에 주입하는 것이 아니라 태어나서부터 누구나 가지고 있는 수학에 대한 관심, 그리고 수학으로 생각하는 힘을 일깨워주는 것입니다.

수학을 잘할 수 있는 힘,

수학적 잠재력은 이미 여러분 아이들의 머릿 속에 줄곧 있어왔습니다. 단지 어떤 아이는 그것을 찾아내어 드러낼 수 있었고, 어떤 아이는 꼭꼭 숨긴 채 평생 드러나지 않을 뿐입니다. 이러한 수학적 잠재력에 대한 참신한 자극 – 생각을 두드리는 '노크'를 제안하려 합니다. '노크'는 수학적 지식과 스킬만을 무리하게 밀어넣지 않습니다. 왜 수학을 해야 하고, 어떻게 수학으로 가능한지 끊임없이 스스로 생각하게하는 계기로서의 활동이 되려 합니다. 일상으로부터 괴리된 학문으로서의 수학이 아닌, 삶을 살아가며 반드시 키워야 할 논리적, 합리적 사고력을 기를 수 있는 누구에게나 가장 중요한 경쟁력으로서의 수학을 주장합니다. '노크'야말로 새로운 수학 학습의 길을 보여주는 방향타가 될 것입니다.

한 현 조

똑!똑! 사고력 수학 노크의 구성

시작 : 생각열기

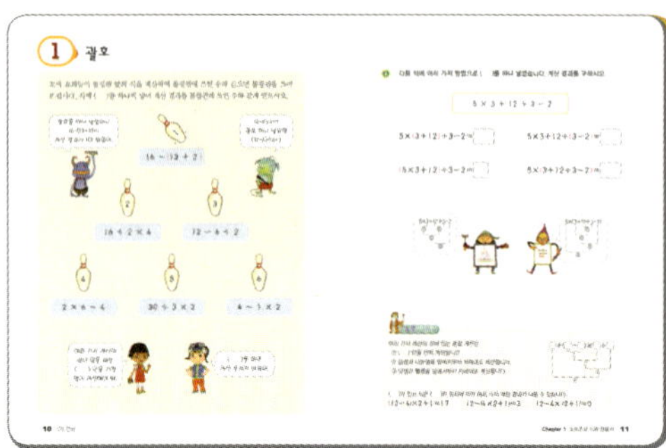

사고력 수학 주제에 맞는 수학적 상황, 수학사, 생활 속 수학 이야기 등의 자유로운 형식으로 흥미를 유발하고, 수학적 사고를 자극하는 주제별 프롤로그

노크 포인트

문제 해결의 핵심적 원리를 '콕!' 집어서 간결하게 요약한 사고력 수학 주제별 포인트

전개 : 유형 탐구

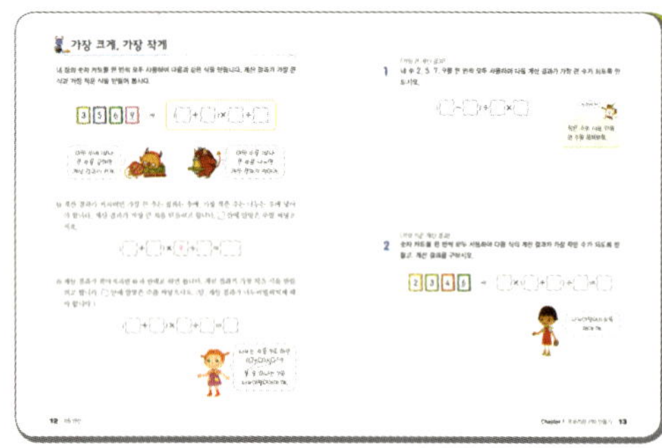

사고력 수학의 대표 유형을 노크만의 새로운 방법으로 차근차근 한 단계씩 익히고 해결하는 단계적 유형 탐구와 이를 통해 익힌 방법적 원리를 적용, 확장하는 확인 문항

수학 요정들의 친절한 충고와 꼬마 요괴들의 밉살스럽지만 유용한 조언으로 어려운 발전 문항의 해결을 돕는 문제 해결 도우미 박스

발전 : 창의적 문제해결력

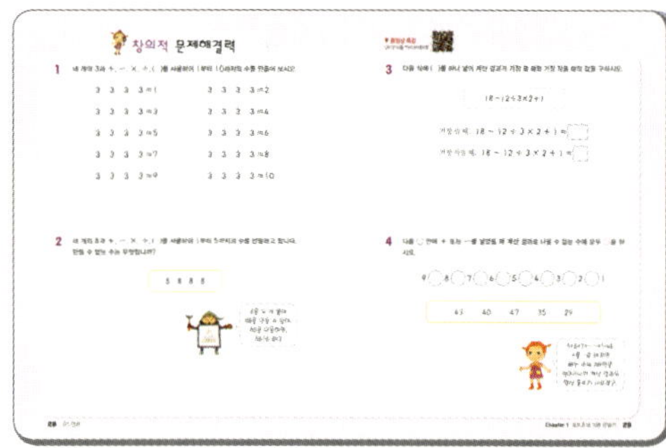

3개의 사고력 수학 주제를 갈무리하는, 한 차원 높은 창의력과 복합적인 사고력을 요구하는 발전 문항의 끝판왕

마무리 : 정답 및 해설

본문에 그대로 첨삭된 정답과 간략한 풀이 과정을 통한 사고력 수학 활동 피드백으로 마무리

노크
캐릭터 소개

지식을 되찾기 위해 노크랜드로 떠난 모험가 친구들

태경
활동파 리더

지오
호기심 공주

초이
조용한 전략가

아인
꼬마 천재

마법사 멀린과 수학 요정

마법사 멀린

노크랜드의 지식의 수호자. 지식을 파괴하려는 대마왕의 음모에 맞서 모험을 떠난 친구들의 든든한 조력자.

아르키메데스

페르마

플라톤

파스칼

피타고라스

가우스

유클리드

오일러

대마왕과 꼬마 요괴

대마왕

노크랜드의 지식의 파괴자. 세계를 차지하기 위해 모든 지식을 없애버리려고 하는 요괴들의 두목.

딴소리

한입

장난

잘난척

딴짓

멍하니

잠만자

대충이

산만해

울보

거꾸로

뛰어

Chapter 3 연속수

Chapter 4 여러 가지 연산

포포즈와 100 만들기

1 괄호

꼬마 요괴들이 볼링핀 앞의 식을 계산하여 볼링핀에 쓰인 수와 같으면 볼링핀을 쓰러뜨립니다. 식에 (　)를 하나씩 넣어 계산 결과를 볼링핀에 쓰인 수와 같게 만드시오.

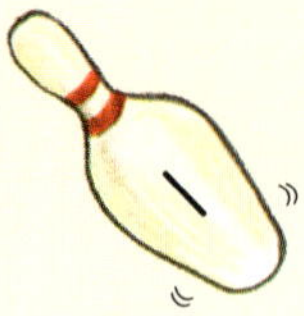

$$16 - (13 + 2)$$

2

3

$$16 \div 2 \times 4$$

$$12 - 6 \div 2$$

4

5

6

$$2 \times 6 - 4$$

$$30 \div 3 \times 2$$

$$4 - 1 \times 2$$

다음 식에 여러 가지 방법으로 ( )를 하나 넣었습니다. 계산 결과를 구하시오.

$$5 \times 3 + 12 \div 3 - 2$$

$5 \times (3+12) \div 3 - 2 = \boxed{}$

$5 \times 3 + 12 \div (3-2) = \boxed{}$

$(5 \times 3 + 12) \div 3 - 2 = \boxed{}$

$5 \times (3 + 12 \div 3 - 2) = \boxed{}$

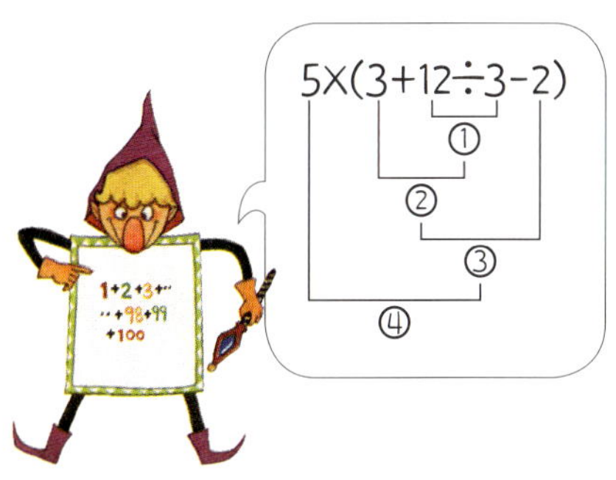

여러 가지 계산이 섞여 있는 혼합 계산은
  ① ( ) 안을 먼저 계산합니다.
  ② 곱셈과 나눗셈을 앞에서부터 차례대로 계산합니다.
  ③ 덧셈과 뺄셈을 앞에서부터 차례대로 계산합니다.

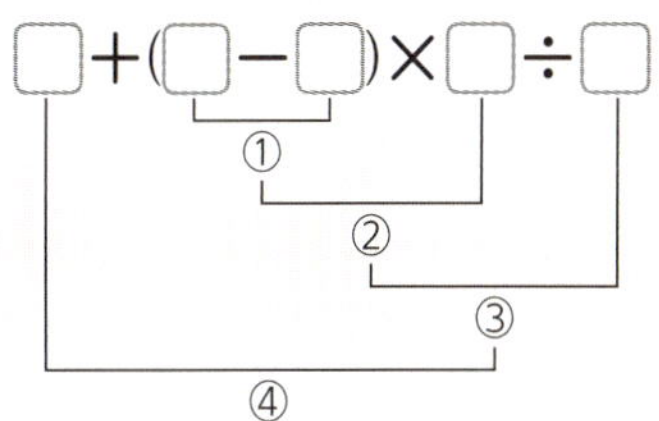

( )가 있는 식은 ( )의 위치에 따라 여러 가지 계산 결과가 나올 수 있습니다.

$(12-4) \times 2 + 1 = 17 \qquad 12 - (4 \times 2 + 1) = 3 \qquad 12 - 4 \times (2+1) = 0$

가장 크게, 가장 작게

네 장의 숫자 카드를 한 번씩 모두 사용하여 다음과 같은 식을 만듭니다. 계산 결과가 가장 큰 식과 가장 작은 식을 만들어 봅시다.

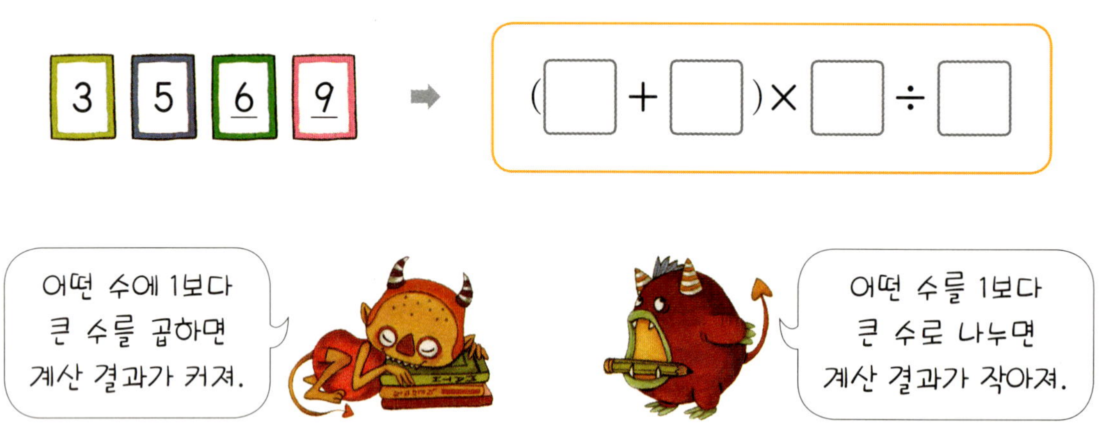

❶ 계산 결과가 커지려면 가장 큰 수는 곱하는 수에, 가장 작은 수는 나누는 수에 넣어야 합니다. 계산 결과가 가장 큰 식을 만들려고 합니다. □ 안에 알맞은 수를 써넣으시오.

$$(\square + \square) \times 9 \div \square = \square$$

❷ 계산 결과가 작아지려면 ❶과 반대로 하면 됩니다. 계산 결과가 가장 작은 식을 만들려고 합니다. □ 안에 알맞은 수를 써넣으시오. (단, 계산 결과가 나누어떨어지게 해야 합니다.)

$$(\square + \square) \times \square \div \square = \square$$

[가장 큰 계산 결과]

1 네 수 2, 5, 7, 9를 한 번씩 모두 사용하여 다음 계산 결과가 가장 큰 수가 되도록 만드시오.

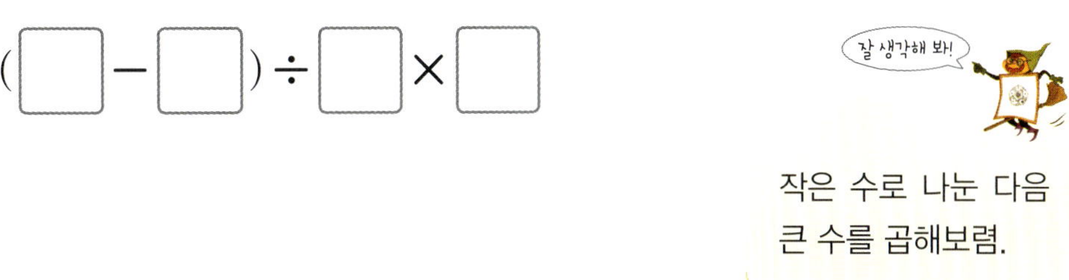

[가장 작은 계산 결과]

2 숫자 카드를 한 번씩 모두 사용하여 다음 식의 계산 결과가 가장 작은 수가 되도록 만들고, 계산 결과를 구하시오.

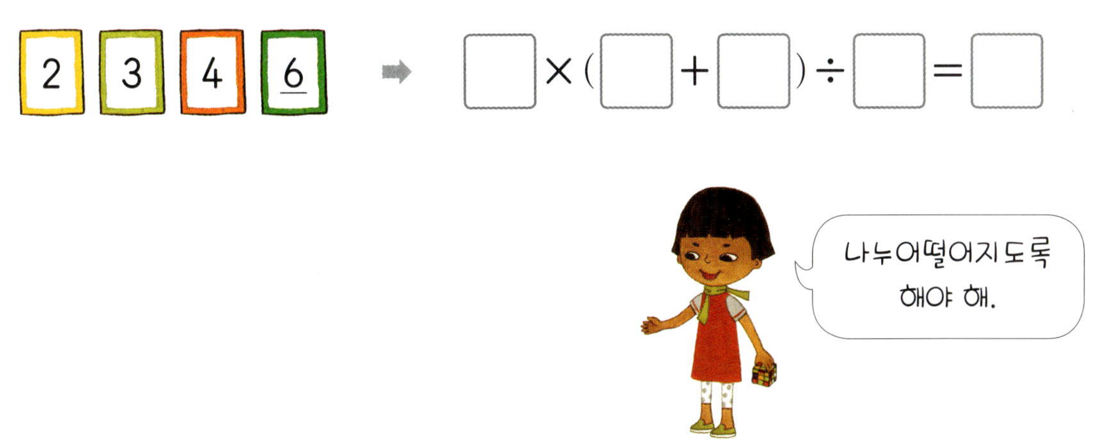

괄호 묶기

다음 식에 ( )를 한 번 넣어 나올 수 있는 계산 결과 중
가장 큰 값과 가장 작은 값을 구해 봅시다.

$$50 - 15 + 10 \div 5 \times 2$$

❶ 두 수씩 ( )로 묶었습니다. ☐ 안에 계산 결과를 써넣으시오.

$(50-15)+10\div5\times2=$ ☐ $50-(15+10)\div5\times2=$ ☐

$50-15+(10\div5)\times2=$ ☐ $50-15+10\div(5\times2)=$ ☐

❷ 세 수씩 ( )로 묶고 ☐ 안에 계산 결과를 써넣으시오.

$(50 - 15 + 10)\div 5 \times 2 =$ ☐

$50 - 15 + 10 \div 5 \times 2 =$ ☐

$50 - 15 + 10 \div 5 \times 2 =$ ☐

❸ 네 수씩 ( )로 묶고 ☐ 안에 계산 결과를 써넣으시오.

$50 - 15 + 10 \div 5 \times 2 =$ ☐

$50 - 15 + 10 \div 5 \times 2 =$ ☐

❹ 계산 결과 중 가장 큰 값과 가장 작은 값은 각각 얼마입니까?

가장 큰 값: ☐   가장 작은 값: ☐

1 다음은 ( )를 한 번씩 넣어 계산 결과가 가장 클 때와 가장 작을 때의 값을 구한 것입니다. 계산 결과에 맞게 ( )를 넣으시오.

$$15 + 8 - 3 \times 4 + 2 = 82$$

$$15 + 8 - 3 \times 4 + 2 = 5$$

2 ( )를 한 번씩 넣어 계산 결과가 가장 클 때와 가장 작을 때의 값을 구하시오.

가장 클 때: $24 + 16 \div 8 + 2 \times 5 = \boxed{}$

가장 작을 때: $24 + 16 \div 8 + 2 \times 5 = \boxed{}$

포포즈(Four Fours)는 네 개의 **4**와 사칙연산 기호(＋, －, ×, ÷), ( )를 사용하여
여러 가지 수를 만드는 퍼즐입니다.

멀린

초이   태경   지오

꼬마 요괴들이 아이들이 만든 수를 다른 방법으로 만듭니다.

딴짓 요괴   딴소리 요괴   멍하니 요괴

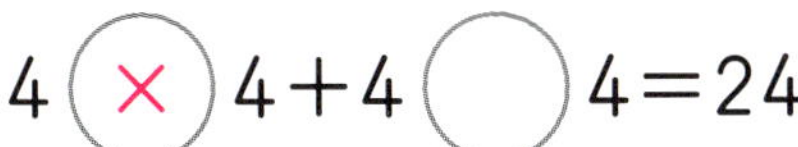 다음은 네 개의 4와 연산 기호를 사용하여 여러 가지 수를 만든 것입니다. ◯ 안에 ＋, －, ×, ÷를 알맞게 써넣으시오.

$$4 \times 4 + 4 \bigcirc 4 = 24$$

$$4 + 4 - 4 \bigcirc 4 = 7$$

$$4 + 4 \times 4 \bigcirc 4 = 16$$

$$4 \times 4 \div 4 \bigcirc 4 = 1$$

노크 포인트

포포즈는 네 개의 4와 ＋, －, ×, ÷, ( )를 사용하여 여러 가지 수를 만드는 퍼즐입니다.

$$(4 \div 4) \times (4 \div 4) = 1 \qquad 4 - (4 + 4) \div 4 = 2$$
$$(4 + 4 + 4) \div 4 = 3 \qquad 4 + (4 - 4) \times 4 = 4$$

네 개의 4 대신 네 개의 9를 사용하면 포나인즈(Four Nines)라고 합니다.

$$9 - (9 + 9) \div 9 = 7 \qquad (99 - 9) \div 9 = 10$$

포포즈, 포나인즈와 같이 수 사이에 연산 기호를 넣어 계산할 때 혼합 계산의 순서에 주의합니다.

 # 네 개의 4로 10까지의 수 만들기

네 개의 4와 $+$, $-$, $\times$, $\div$, ( )를 사용하여 1부터 10까지의 수를 만들어 봅시다.

$$4 \quad 4 \div 4 \quad 4 = 1 \qquad 4 \quad 4 \quad 4 \quad 4 = 2$$

$$4 \quad 4 \quad 4 \quad 4 = 3 \qquad (4-4) \quad 4 \quad 4 = 4$$

$$(4+4\times4)\div4 = 5 \qquad (4+4) \quad 4 \quad 4 = 6$$

$$4 \quad 4 \quad 4 \quad 4 = 7 \qquad 4 \quad 4 \quad 4 \quad 4 = 8$$

$$4 \quad 4 \quad 4 \quad 4 = 9 \qquad 4 \quad 4 \quad 4 \quad 4 = 10$$

❶ $4+4=8$, $4\div4=1$입니다. 다음을 이용하여 4 네 개로 7, 8, 9를 만들어 보시오.

$$8-1=7 \qquad 8\times1=8 \qquad 8+1=9$$

❷ $44-4=40$, $4\times4-4=12$입니다. 나머지 4 하나를 더 사용하여 10과 3을 만들어 보시오.

❸ 위와 같은 방법을 이용하여 나머지 수 2, 4, 6을 만들어 보시오.

[네 개의 4로 수 만들기]

1 네 개의 4와 $+$, $-$, $\times$, $\div$, ( )를 사용하여 다음 수를 만들어 보시오.

$$4 \quad 4 \quad 4 \quad 4 = 20$$

$$4 \quad 4 \quad 4 \quad 4 = 36$$

$$4 \quad 4 \quad 4 \quad 4 = 48$$

[포나인즈]

2 알맞은 곳에 ( )를 넣어 7, 8, 9, 10을 각각 만들어 보시오.

$$9 - 9 + 9 \div 9 = 7$$

$$9 \times 9 - 9 \div 9 = 8$$

$$9 - 9 \times 9 + 9 = 9$$

$$9 \quad 9 - 9 \div 9 = 10$$

$$(44-4) \div 4 = 10$$
$$(55-5) \div 5 = 10$$
$$(66-6) \div 6 = 10$$
$$\vdots$$

쓰리 넘버스

꼬마 요괴들이 3과 $+$, $-$, $\times$, $\div$, ( )를 사용하여 24를 만들었습니다. 같은 방법으로 3을 3개, 4개, 5개 사용하여 각각 27을 만들어 봅시다.

$$3+3+3+3+3+3+3+3=24$$

$$3\times3+3\times3+3+3=24$$

$$3\times(3\times3-3\div3)=24$$

$$3\times3\times3-3=24$$

❶ 3을 각각 2개, 3개, 4개 사용하여 9를 만들어 보시오.

$$3\quad3=9$$

$$3\quad3\quad3=9$$

$$3\quad3\quad3\quad3=9$$

❷ ❶에서 만든 9를 이용하여 3개, 4개, 5개의 3으로 27을 만들어 보시오.

$$3\quad3\quad3=27$$

$$3\quad3\quad3\quad3=27$$

$$3\quad3\quad3\quad3\quad3=27$$

1 표지판에 적힌 개수만큼 3을 사용하고 ＋, －, ×, ÷, (　)를 사용하여 36을 만들어 보시오. (단, 여러 가지 방법이 있습니다.)

2 가장 적은 개수의 3과 ＋, －, ×, ÷, (　)를 사용하여 54를 만들어 보시오.

1에서 9까지의 수를 순서대로 쓴 다음 +, −, ×, ÷, ( )를 사용하여 100이 되는 계산식을 만드는 것을 테이크 백(take 100)이라고 합니다.

$$1 \ 2 \ 3 \ 4 \ 5 \ 6 \ 7 \ 8 \ 9 = 100$$

태경   멀린

선생님의 말씀을 들은 초이와 지오는 각각 두 부분으로 식을 나누어 20과 5를 만듭니다.

초이   지오

태경   아인

계산식을 여러 부분으로 나누어 100을 만든 것입니다.

$$\underline{1 \ 2} \quad \underline{3 \ 4 \ 5 \ 6 \ 7} \quad \underline{8 \ 9} = 100 \rightarrow 12-1+89=100$$
$$\rightarrow 12-(3+4-5+6-7)+89=100$$

위와 같이 다음 두 가지 방법으로 100이 되는 계산식을 만들어 보시오.

- $\underline{1 \ 2 \ 3 \ 4 \ 5 \ 6 \ 7} \quad \underline{8 \ 9} = 100 \rightarrow 28+72=100$

  $\rightarrow 1+2+3+4+5+6+7$

- $\underline{1 \ 2 \ 3 \ 4} \quad \underline{5} \quad \underline{6 \ 7 \ 8 \ 9} = 100 \rightarrow 14 \times 5+30=100$

  $\rightarrow (1 \times 2+3 \times 4)$

노크 포인트

수 사이에 $+$, $-$, $\times$, $\div$, ( )를 넣어 한 번에 100이 되는 식을 만드는 것은 어렵습니다. 식을 두 부분 또는 세 부분으로 나누어 생각합니다.

주어진 수 사이에 모두 $+$를 넣었을 때의 계산 결과는 $+$ 대신 $-$를 하나 넣었을 때의 계산 결과와 빼는 수의 2배만큼 차이납니다.

$$1+2+3+4+5+6+7+8+9=45$$
$$1+2+3+4-5+6+7+8+9=35$$

$$45-35=10$$

5의 2배

+와 −

다음 ◯ 안에 **+** 또는 **−**를 넣어 식이 성립하도록 만들어 봅시다.

$1 \bigcirc 2 \bigcirc 3 \bigcirc 4 \bigcirc 5 \bigcirc 6 \bigcirc 7 \bigcirc 8 \bigcirc 9 = 37$

❶ ◯ 안에 들어가는 기호가 모두 **+**일 때 계산 결과를 구하시오.

$$1 + 2 + 3 + 4 + 5 + 6 + 7 + 8 + 9 = \boxed{}$$

문제의 계산 결과인 **37**이 되려면 얼마만큼 작아져야 합니까?

❷ **+** 한 개를 **−**로 바꾸면 계산 결과가 빼는 수의 **2**배만큼 작아집니다. 어떤 수의 앞에 있는 **+**를 **−**로 바꾸어야 합니까?

❸ ◯ 안에 **+** 또는 **−**를 넣어 식이 성립하도록 만들어 보시오.

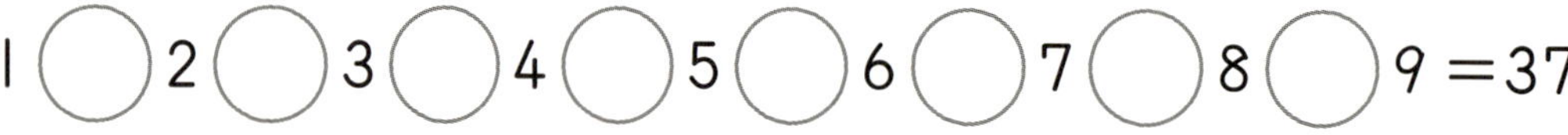

$1 \bigcirc 2 \bigcirc 3 \bigcirc 4 \bigcirc 5 \bigcirc 6 \bigcirc 7 \bigcirc 8 \bigcirc 9 = 37$

1 다음 ◯ 안에 ＋, ─를 넣어 식이 성립하도록 만들어 보시오.

$$1+2+3+4+5+6+7+8=36$$

❶ $1\bigcirc 2\bigcirc 3\bigcirc 4\bigcirc 5\bigcirc 6\bigcirc 7\bigcirc 8=26$

❷ $1\bigcirc 2\bigcirc 3\bigcirc 4\bigcirc 5\bigcirc 6\bigcirc 7\bigcirc 8=20$

2 다음 식에서 ＋ 한 개를 ─로 바꾸어 식이 성립하도록 만들어 보시오.

$$1+2+3+4+5+6+7=28$$

$$1+2-3+4+5+6+7=22$$

$$1+2+3+4+5+6+7=20$$

$$1+2+3+4+5+6+7=14$$

목표수 만들기

다음 수 사이에 ＋, －, ×, ÷, ( )를 넣어 식이 성립하도록 만들어 봅시다.

$$1 \quad 2 \quad 3 \quad 4 \quad 5 \quad 6 \quad 7 \quad 8 \quad 9 = 60$$

❶ 60＝5×12입니다. 식을 두 부분으로 나누어 한 부분은 5, 다른 부분은 12를 만들어 보시오.

$$1 \quad 2 \quad 3 \quad 4 \quad 5 = 5$$

$$6 \quad 7 \quad 8 \quad 9 = 12$$

$$6+7=13$$
$$6+7+8=21$$
$$6+7+8-9=12$$

❷ ❶에서 만든 두 부분을 합쳐 식이 성립하도록 만드시오.

$$1 \quad 2 \quad 3 \quad 4 \quad 5 \quad 6 \quad 7 \quad 8 \quad 9 = 60$$

1 식이 성립하도록 (   )를 넣어 보시오.

$$9 \times 8 + 7 - 6 - 5 + 4 - 3 - 2 + 1 = 36$$

[일곱 개의 4로 100 만들기]

2 일곱 개의 4와 $+, -, \times, \div$, (   )를 넣어 100을 만들어 보시오.

$$4 \quad 4 \quad 4 \quad 4 \quad 4 \quad 4 \quad 4 = 100$$

4를 네 개 쓰면 88을
만들 수 있단다.
$$44 + 44 = 88$$
나머지 4 세 개로 12
를 만들어 보렴.

창의적 문제해결력

1 네 개의 3과 ＋, －, ×, ÷, ( )를 사용하여 1부터 10까지의 수를 만들어 보시오.

$$3 \quad 3 \quad 3 \quad 3 = 1 \qquad\qquad 3 \quad 3 \quad 3 \quad 3 = 2$$

$$3 \quad 3 \quad 3 \quad 3 = 3 \qquad\qquad 3 \quad 3 \quad 3 \quad 3 = 4$$

$$3 \quad 3 \quad 3 \quad 3 = 5 \qquad\qquad 3 \quad 3 \quad 3 \quad 3 = 6$$

$$3 \quad 3 \quad 3 \quad 3 = 7 \qquad\qquad 3 \quad 3 \quad 3 \quad 3 = 8$$

$$3 \quad 3 \quad 3 \quad 3 = 9 \qquad\qquad 3 \quad 3 \quad 3 \quad 3 = 10$$

2 네 개의 8과 ＋, －, ×, ÷, ( )를 사용하여 1부터 5까지의 수를 만들려고 합니다. 만들 수 없는 수는 무엇입니까?

$$8 \quad 8 \quad 8 \quad 8$$

3 다음 식에 ( )를 하나 넣어 계산 결과가 가장 클 때와 가장 작을 때의 값을 구하시오.

$$18 - 12 \div 3 \times 2 + 1$$

가장 클 때: $18 - 12 \div 3 \times 2 + 1 = \boxed{}$

가장 작을 때: $18 - 12 \div 3 \times 2 + 1 = \boxed{}$

4 다음 ○ 안에 $+$ 또는 $-$를 넣었을 때 계산 결과로 나올 수 없는 수에 모두 ○표 하시오.

$$9 \bigcirc 8 \bigcirc 7 \bigcirc 6 \bigcirc 5 \bigcirc 4 \bigcirc 3 \bigcirc 2 \bigcirc 1$$

43	40	47	35	29

Chapter 2

마방진과 복면산

4 마방진

지금으로부터 4천년 전 고대 중국의 우왕 시대에 황하의 제방 공사를 하던 중 강에 큰 거북 한 마리가 나타났습니다. 이 거북의 등에는 신비한 무늬가 새겨져 있었는데 이 무늬의 점의 수를 세어보면 1부터 9까지였습니다.

4	9	2
3	5	7
8	1	6

다음 마방진에서 가로, 세로, 대각선 방향으로 각각 세 수의 합을 구해 ☐ 안에 써넣으시오.

$4+9+2=$ ☐

$3+5+7=$ ☐

$8+1+6=$ ☐

$4+3+8=$ ☐ $2+7+6=$ ☐

$9+5+1=$ ☐

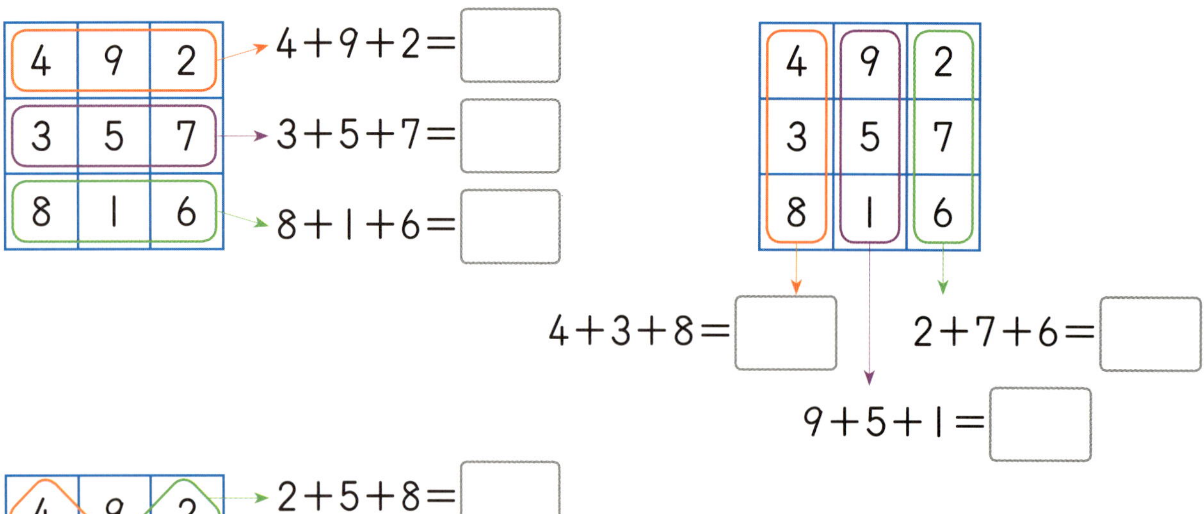

$2+5+8=$ ☐

$4+5+6=$ ☐

가로, 세로, 대각선 방향으로 각각 세 수의 합이 모두 같은 마방진입니다. 색칠한 칸에 알맞은 수를 써넣으시오.

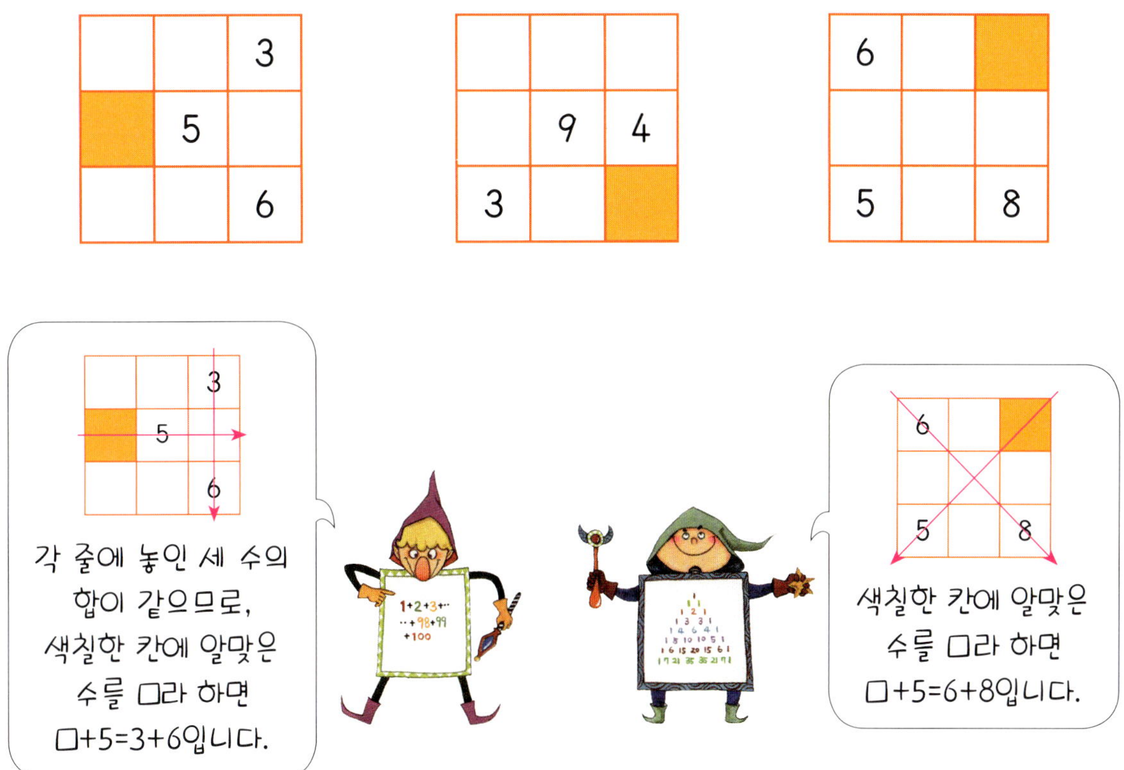

마방진은 가로, 세로, 대각선 방향에 각각 놓인 세 수의 합이 모두 같아서 매직 스퀘어라고도 부릅니다.

4	9	2
3	5	7
8	1	6

마방진

가로, 세로, 대각선 방향으로 세 수의 합은 각각 다음과 같습니다.

(한 줄에 놓인 세 수의 합)＝(전체 9개 수의 합)÷3

마방진의 가운데 칸에는 작은 수부터 차례로 나열했을 때 가운데 수가 들어갑니다.

마방진 만들기

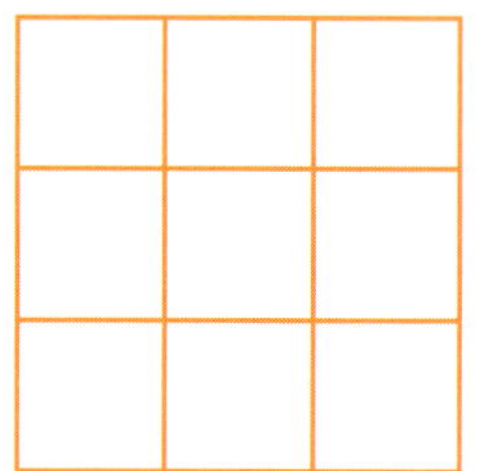

오른쪽 그림의 각 칸에 1부터 9까지의 수를 한 번씩 써넣어 가로, 세로, 대각선 방향으로 각각 세 수의 합이 모두 같도록 만들어 봅시다.

❶ 1부터 9까지의 수의 합을 이용하여 한 줄에 있는 세 수의 합을 구하시오.

❷ 1부터 9까지의 수 중에서 합이 15가 되는 세 수를 선으로 연결한 것입니다.

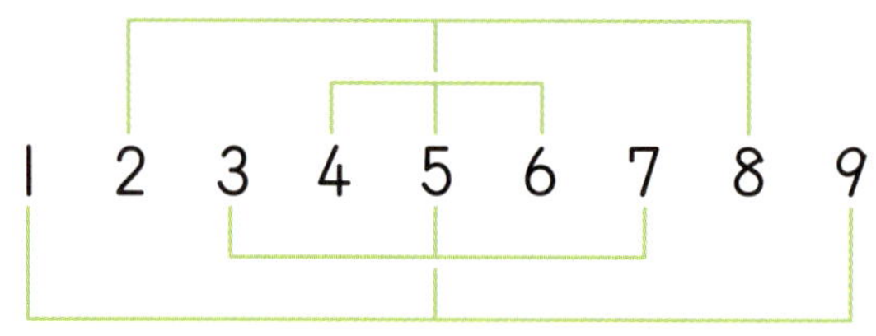

가운데 칸에 5를 써넣은 다음 위에서 세 수의 합이 15가 되도록 선으로 연결한 나머지 수를 가로, 세로, 대각선 방향으로 써넣으시오.

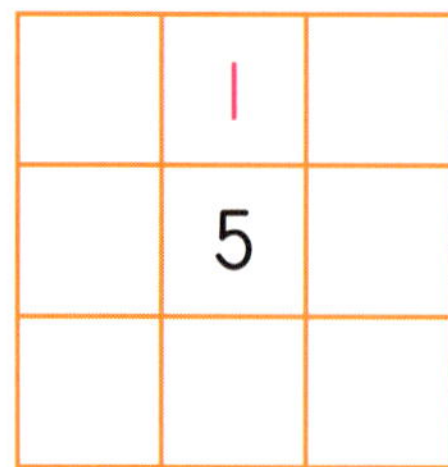

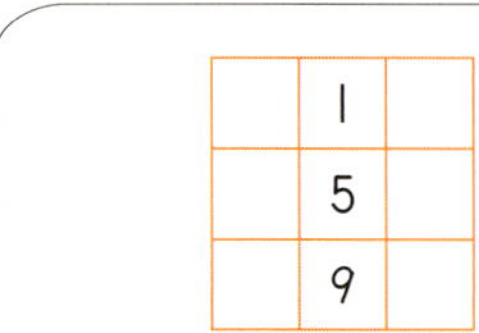

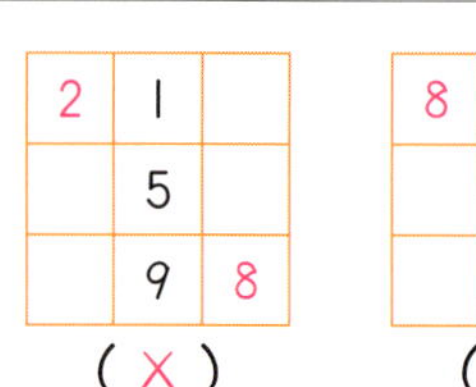

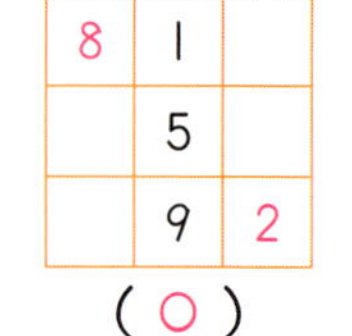

1 Ⅰ부터 9까지의 수를 사용하여 마방진을 만들려고 합니다. Ⅰ, 2, 5의 위치가 다음과 같을 때 나머지 수를 채워 마방진을 완성하시오.

가로, 세로, 대각선 방향으로 각각 세 수의 합이 Ⅰ5가 되도록 채워 나가면 돼.

2 다음 각 칸에 2부터 Ⅰ0까지의 수를 한 번씩 써넣어 가로, 세로, 대각선 방향으로 각각 세 수의 합이 모두 같게 만드시오.

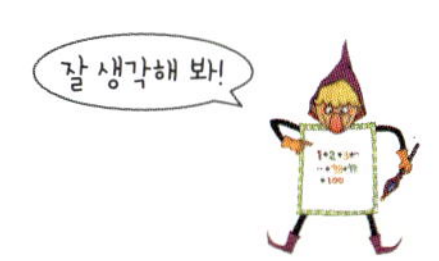

$2+3+4+\cdots\cdots+9+10=54$
한 줄에 있는 세 수의 합은
$$54\div3=18$$
이고, 가운데 수는 6이란다.

곱셈 마방진

오른쪽 각 칸에 왼쪽 9개의 수를 써넣어 가로, 세로, 대각선 방향으로 각각 세 수의 곱이 모두 같게 만들어 봅시다.

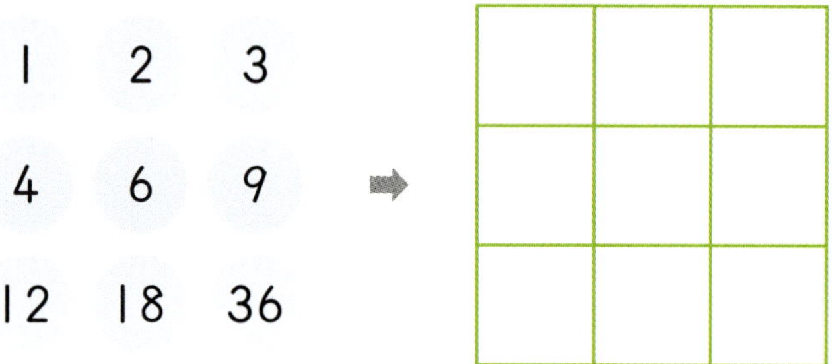

❶ 세 수의 곱이 같은 세 수를 선으로 연결한 것입니다. 세 수의 곱은 얼마입니까?

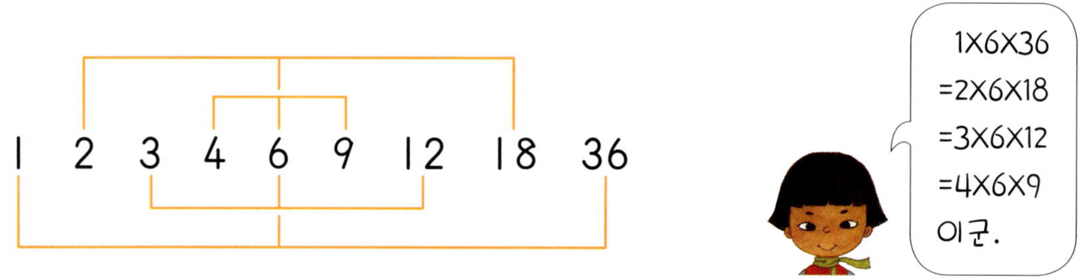

❷ 곱셈 마방진의 가운데 칸에 들어갈 수는 무엇입니까?

❸ ❷에서 구한 수를 가운데 칸에 써넣고 나머지 수를 채워 곱셈 마방진을 완성하시오.

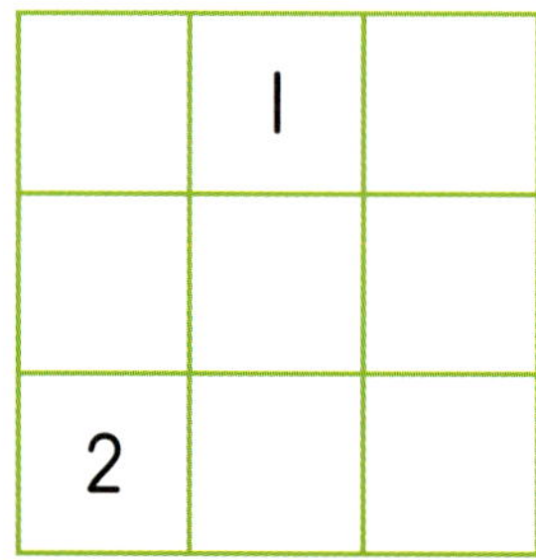

1 ◯ 안에 1, 2, 4, 8, 16을 한 번씩 써넣어 각 줄에 있는 세 수의 곱이 같도록 만들려
고 합니다. 가운데 칸에 알맞은 수를 써넣으시오.

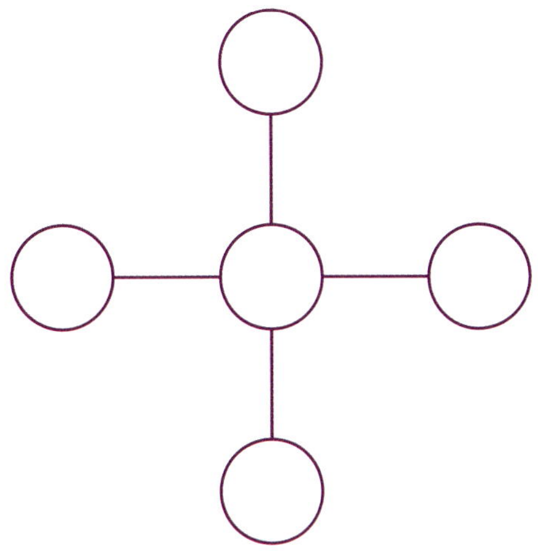

2 각 칸에 세 수의 곱이 같도록 선으로 연결한 수를 써넣어 곱셈 마방진을 완성하시오.

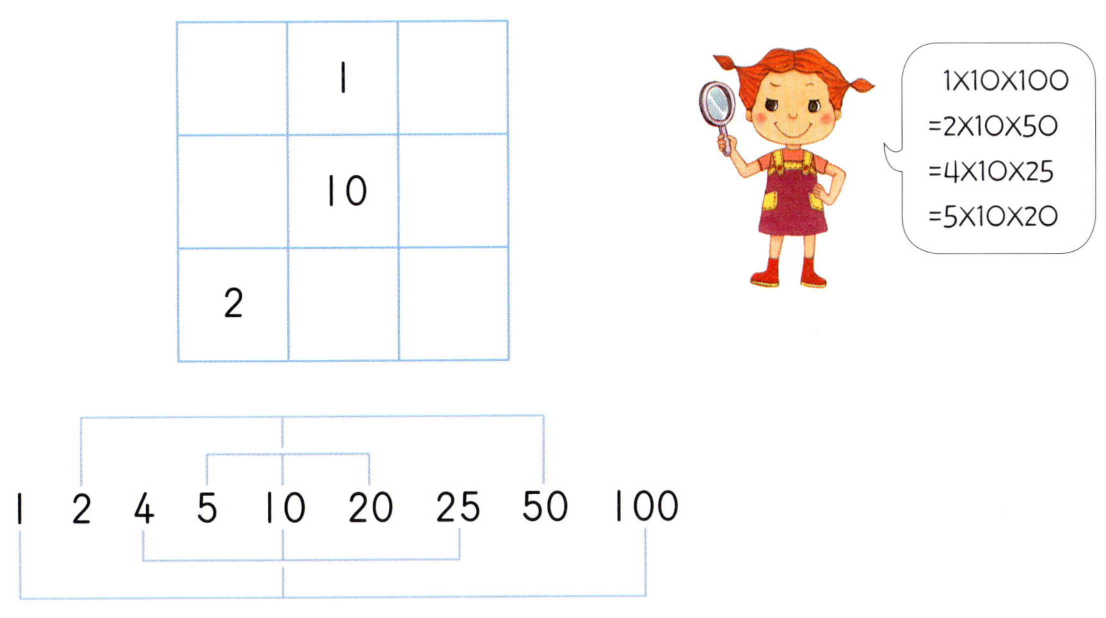

궁금한 건 못 참는 지오가 마방진의 가운데 칸의 숫자가 왜 **5**인지 묻습니다.

지오

태경

지오가 좋은 질문을 했습니다. 수학의 핵심은 당연하다고 생각하는 것을 '왜'인지 묻고 그걸 논리적으로 밝히는 것입니다. 그럼 한번 알아봅시다.

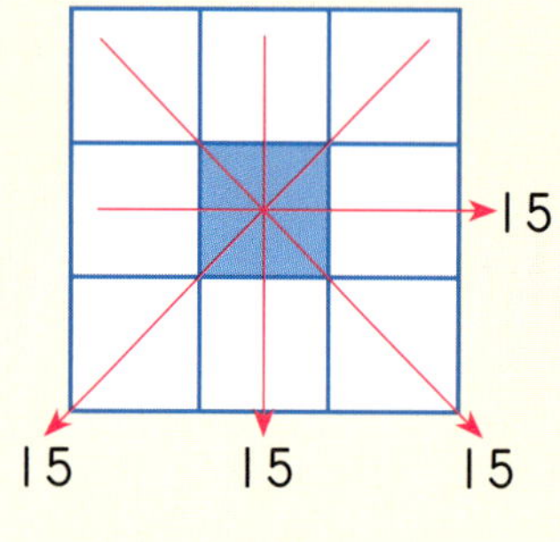

각 줄에 놓인 수의 합이 모두 같도록 1부터 9까지의 수를 빈 곳에 알맞게 써넣으시오.

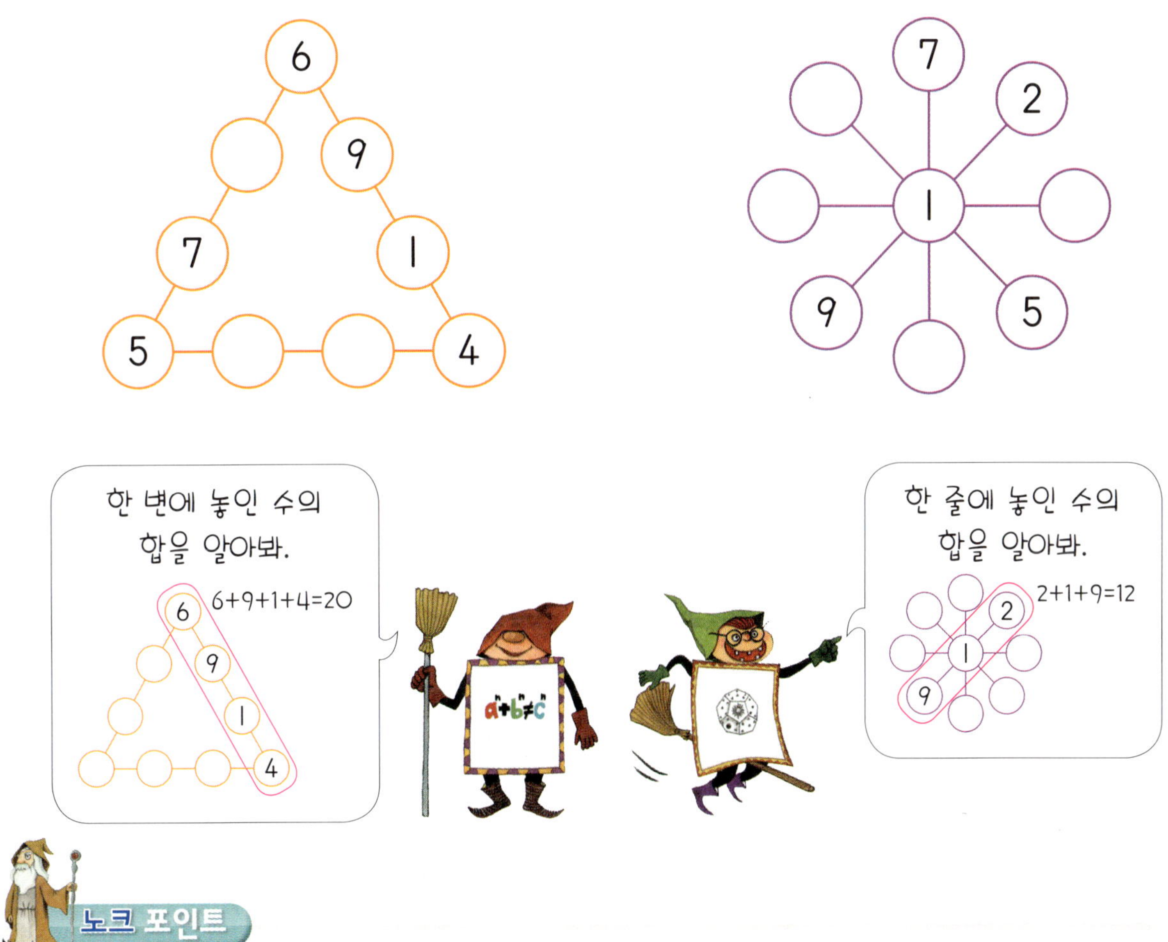

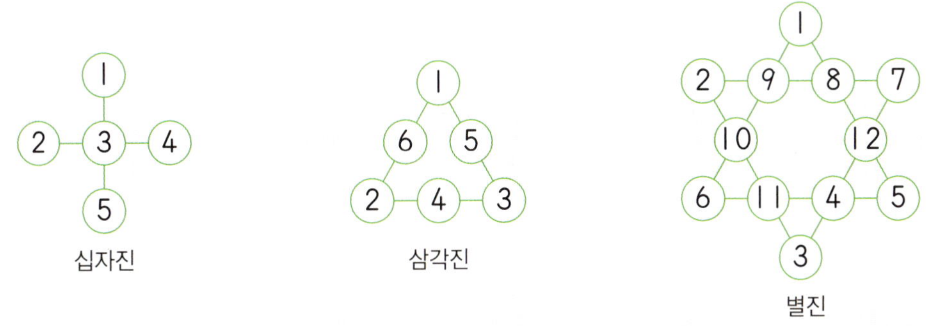

여러 가지 모양의 마방진입니다. 마방진은 각 줄에 놓인 수들의 합이 모두 같습니다.

십자진

삼각진

별진

여러 가지 마방진에서 수를 채울 때, 색칠한 칸의 수는 각 줄의 합을 구할 때 여러 번 포함되는 수입니다.

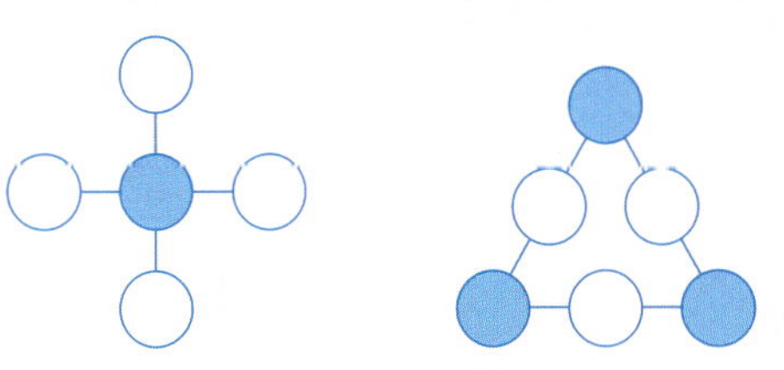

원형진

|부터 9까지의 수를 한 번씩 써넣어 각 줄에 있는 세 수의 합이 모두 같도록 만들려고 합니다. ⬤ 안에 들어갈 수 있는 수를 모두 구해 봅시다.

❶ ⬤ 안에 |을 넣으면 나머지 8개의 수를 두 수씩 묶어 두 수의 합이 | |로 모두 같게 만들 수 있습니다. 오른쪽 원형진에 2부터 9까지의 수를 써넣어 완성하시오.

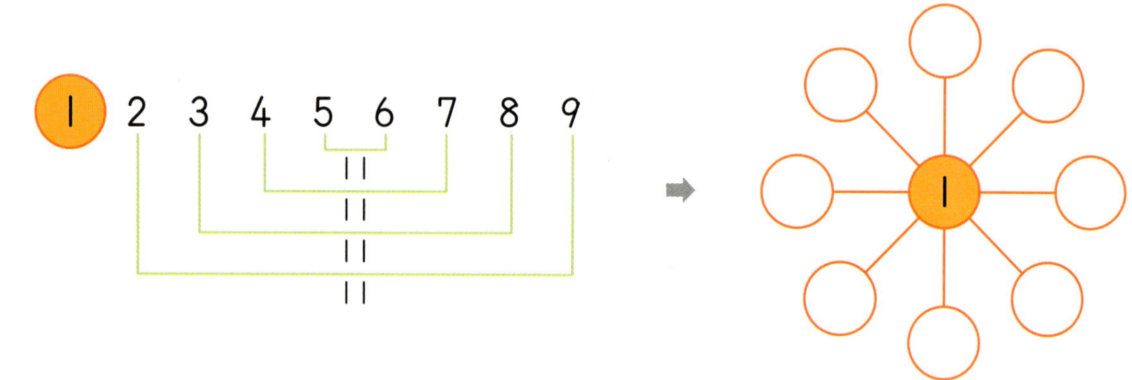

❷ ⬤ 안에 2를 넣으면 나머지 8개의 수를 두 수씩 묶어 두 수의 합이 모두 같게 만들 수 없습니다. ❶과 같은 방법으로 가운데 칸에 들어갈 수 있는 수를 모두 구하시오.

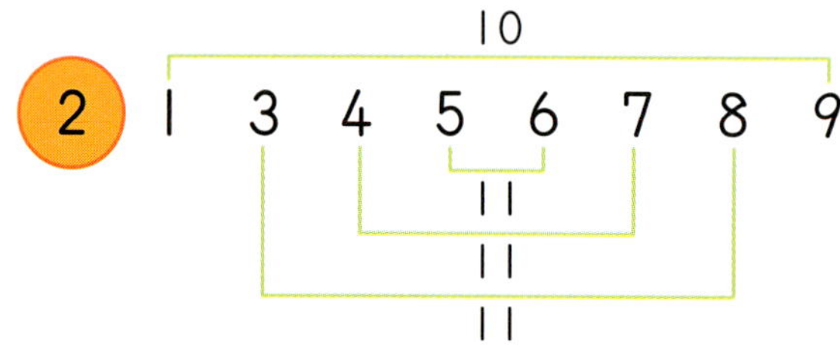

1 Ⅰ부터 5까지의 수를 한 번씩 사용하여 각 줄에 놓인 세 수의 합이 모두 같도록 만들 때 색칠한 칸에 들어갈 수 있는 수를 모두 구하시오.

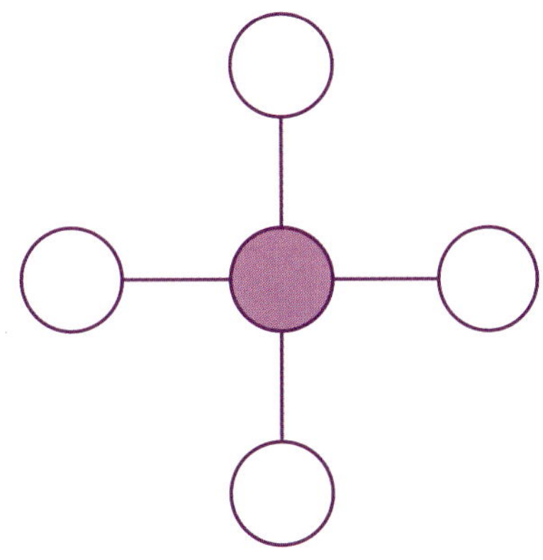

2 Ⅰ부터 ⅠⅠ까지의 수를 한 번씩 사용하여 각 줄에 놓인 세 수의 합이 모두 같도록 만들려고 합니다. 세 수의 합이 가장 클 때와 가장 작을 때의 값을 구하시오.

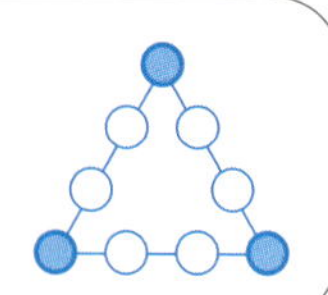 ## 삼각진

1부터 9까지의 수를 한 번씩 사용하여 각 변에 놓인 수의 합이 삼각형 안의 수가 되도록 만들어 봅시다. (단, 삼각형의 꼭짓점에 있는 세 수는 1, 2, 3과 같이 연속하는 수입니다.)

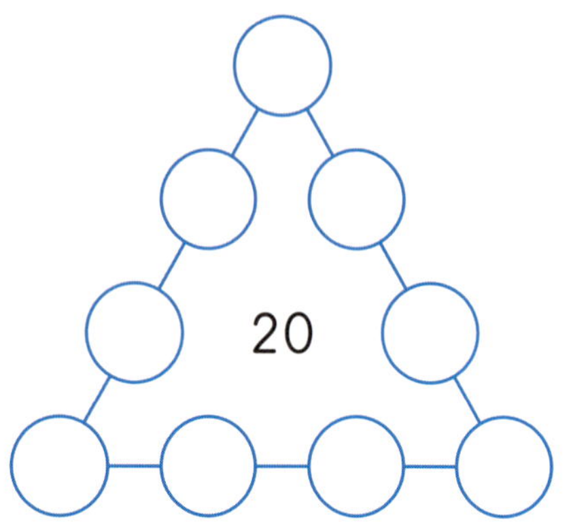

❶ ○ 안에 들어가는 모든 수의 합은 45이고, 한 변에 있는 네 수의 합은 20입니다. 다음 색칠한 곳에 들어가는 세 수의 합을 구하시오.

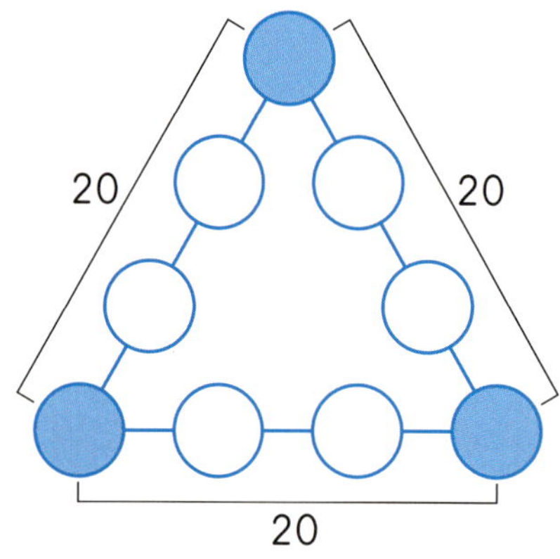

❷ ❶에서 구한 세 수의 합에 알맞은 연속된 세 수를 색칠한 ● 안에 써넣고, 나머지 수도 조건에 맞게 써넣으시오.

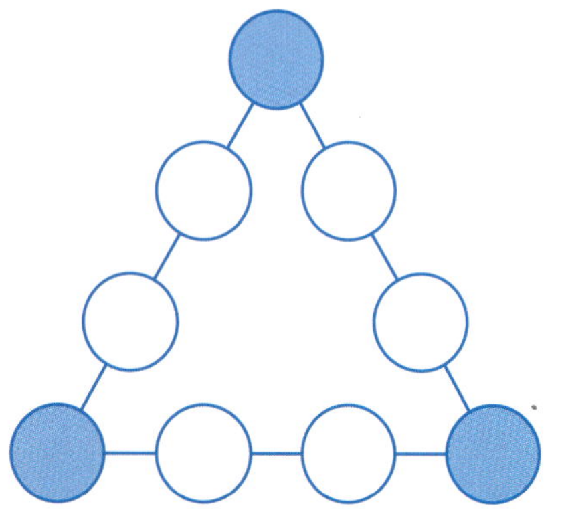

1 ◯ 안에 1부터 9까지의 수를 한 번씩 써넣어 각 변에 놓인 네 수의 합이 모두 23이 되도록 만들려고 합니다. 색칠한 ● 안에 들어갈 세 수의 합을 구하시오.

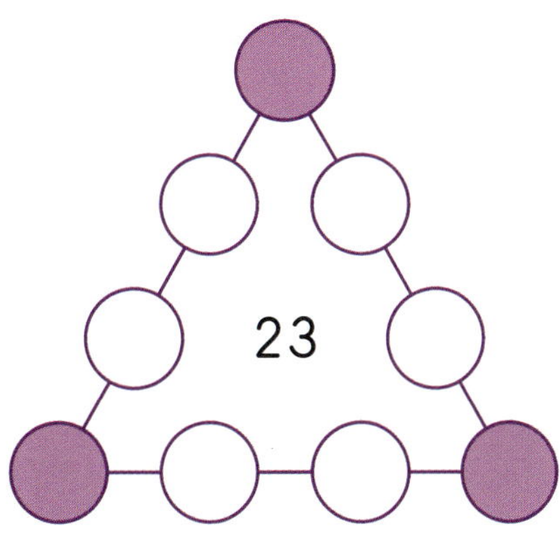

2 ◯ 안에 1부터 6까지의 수를 한 번씩 써넣어 각 변에 놓인 세 수의 합이 모두 삼각형 안의 수가 되도록 만들어 보시오.

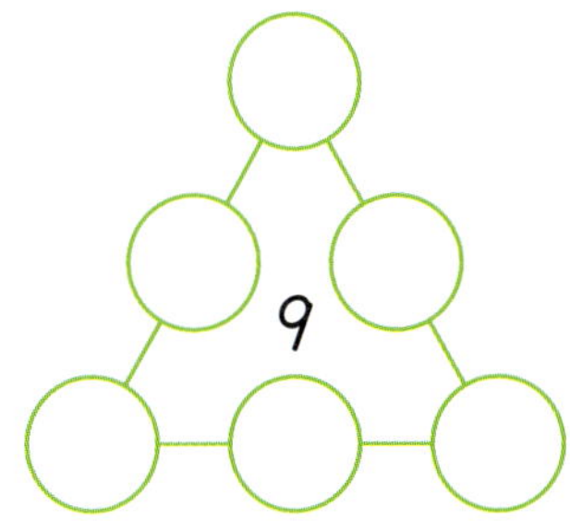

복면산과 벌레 먹은 셈

복면산을 이루는 글자가 문장 자체로도 맞고 그 식으로도 맞을 때 이중복면산(doubly-true alphametics)이라고 합니다.

복면산에서 같은 문자는 같은 숫자를, 다른 문자는 다른 숫자를 나타내고 수의 가장 높은 자리의 숫자는 0이 아닙니다.

위의 이중복면산에서 F＝2, R＝7, X＝4입니다. 복면산을 풀어 보시오.

F O R T Y
T E N
+ T E N
S I X T Y

➡

$$2 \quad 7$$
$$+$$
$$4$$

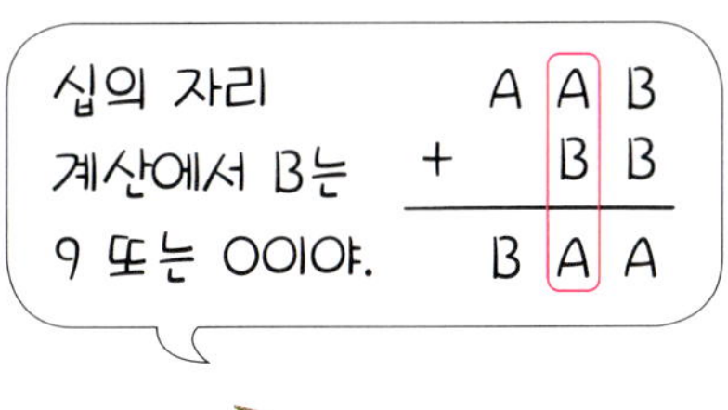

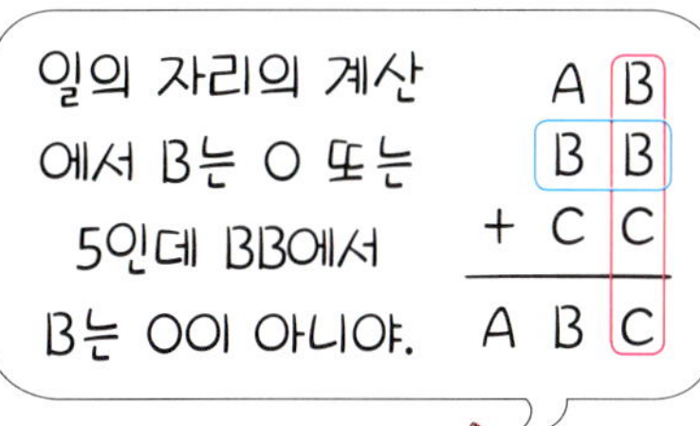

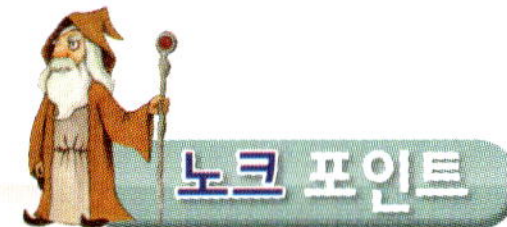

노크 포인트

숫자 대신 문자나 모양으로 나타낸 식을 **복면산**이라고 하며 논리적 사고와 번득이는 재치, 수 감각을 이용한 퍼즐입니다.

복면산에서 같은 문자는 같은 숫자를, 다른 문자는 다른 숫자를 나타내고 하나의 수에서 가장 높은 자리의 숫자는 0이 될 수 없습니다.

$$
\begin{array}{r} A\,B\,B \\ -\ \ A\,A \\ \hline B\,B\,A \end{array}
\quad
\begin{array}{c} A=9 \\ B=8 \\ \rightarrow \end{array}
\quad
\begin{array}{r} 9\,8\,8 \\ -\ \ 9\,9 \\ \hline 8\,8\,9 \end{array}
$$

(복면산)   (원래의 식)

식에서 몇 개의 숫자가 지워져 있을 때 연산의 성질을 이용하여 논리적으로 지워진 숫자를 찾아내는 것을 **벌레 먹은 셈**이라고 합니다.

숫자가 지워져 있는 모습이 벌레가 종이를 먹은 모습과 비슷하다고 하여 붙여진 이름입니다.

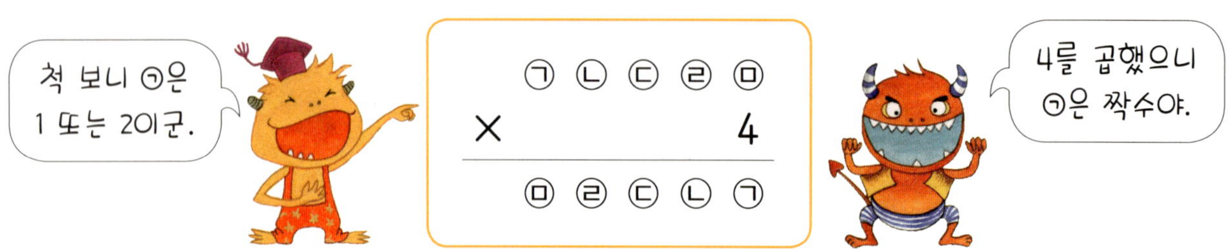

곱셈 복면산

다음 곱셈식에서 ㉠, ㉡, ㉢, ㉣, ㉤은 0이 아닌 각각 다른 숫자를 나타냅니다. 각 기호가 나타내는 숫자를 알아봅시다.

❶ 일의 자리와 만의 자리의 계산을 보고 ㉠이 나타내는 숫자를 구하시오.

❷ ❶에서 구한 숫자를 ☐ 안에 써넣고 ㉤이 나타내는 숫자를 구하시오.

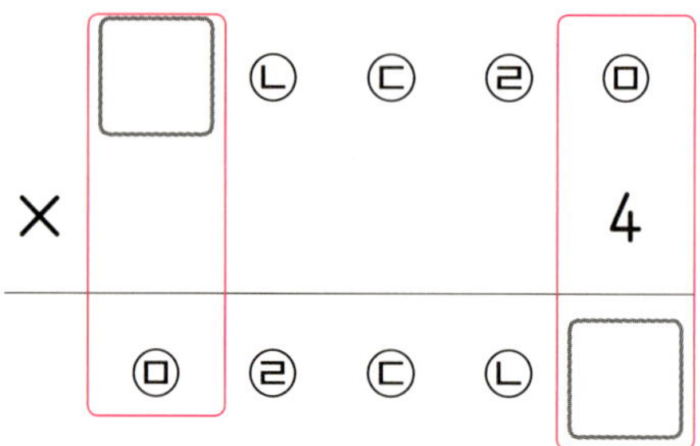

❸ ❶, ❷에서 구한 숫자를 ☐ 안에 써넣고 ㉡이 나타내는 숫자를 구하시오.

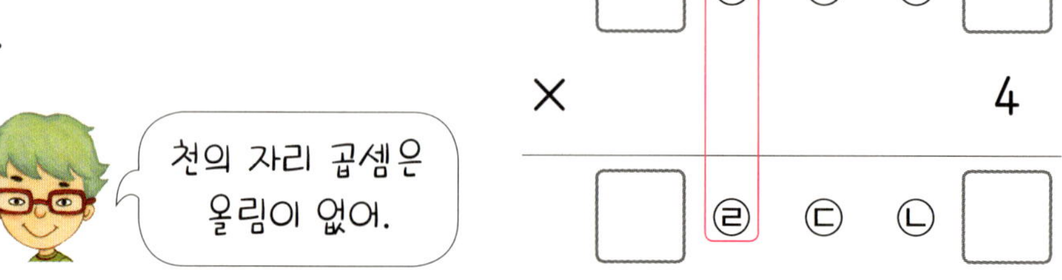

❹ 위에서 구한 숫자를 이용하여 ㉢과 ㉣이 나타내는 숫자를 구하시오.

1 같은 문자는 같은 숫자, 다른 문자는 다른 숫자를 나타냅니다. 각 문자가 나타내는 숫자를 구하여 곱셈식을 완성하시오.

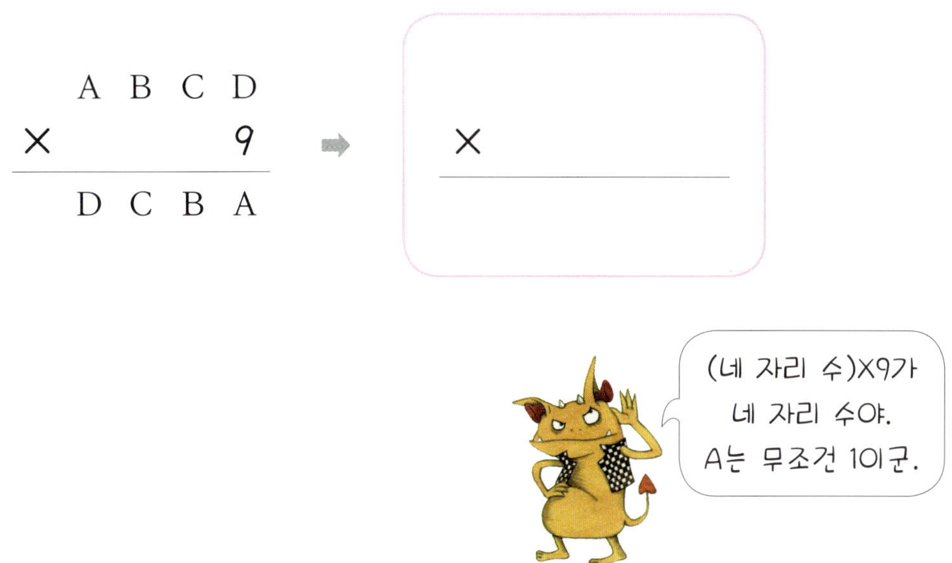

$$\begin{array}{r} A\;B\;C\;D \\ \times \qquad 9 \\ \hline D\;C\;B\;A \end{array} \quad \Rightarrow \quad \underline{\qquad \times \qquad}$$

2 각 자리의 숫자가 모두 다른 네 자리 수(ABCD)에 4를 곱하였더니 곱해지는 수를 거꾸로 나열한 수(DCBA)가 되었습니다. 곱해지는 수(ABCD)는 얼마입니까?

각 자리 숫자가 다른 곱해지는 수를 ABCD라고 하면 계산 결과는 DCBA야.

벌레 먹은 셈

□ 안에 알맞은 숫자를 써넣어 나눗셈식을 완성하여 봅시다.

❶ 몫의 십의 자리 숫자를 오른쪽 식의 □ 안에 써넣으시오.

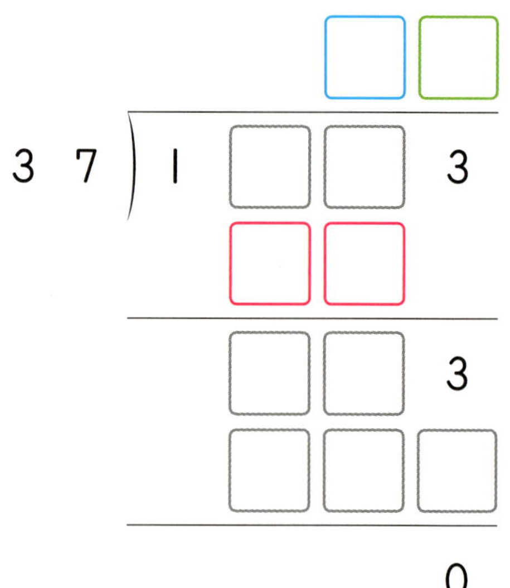

❷ 37×□=□□입니다. □□ 안에 알맞은 숫자를 써넣으시오.

❸ 37×□의 일의 자리 숫자가 3입니다. □ 안에 알맞은 수를 써넣으시오.

❹ □ 안에 알맞은 수를 써넣어 나눗셈을 완성하시오.

1 ☐ 안에 알맞은 숫자를 써넣어 나눗셈식을 완성하시오.

2 ☐ 안에 알맞은 숫자를 써넣어 곱셈식을 완성하시오.

창의적 문제해결력

1 각 칸에 수를 써넣어 가로, 세로, 대각선 방향으로 각각 세 수의 합이 48이 되도록 하려고 합니다. 색칠한 칸에 들어갈 수는 무엇입니까?

15		
14		18
	12	

2 각 칸에 1, 3, 5, 7, 9, 11, 13, 15, 17을 한 번씩 써넣어 가로, 세로, 대각선 방향으로 각각 세 수의 합이 모두 같게 만들어 보시오.

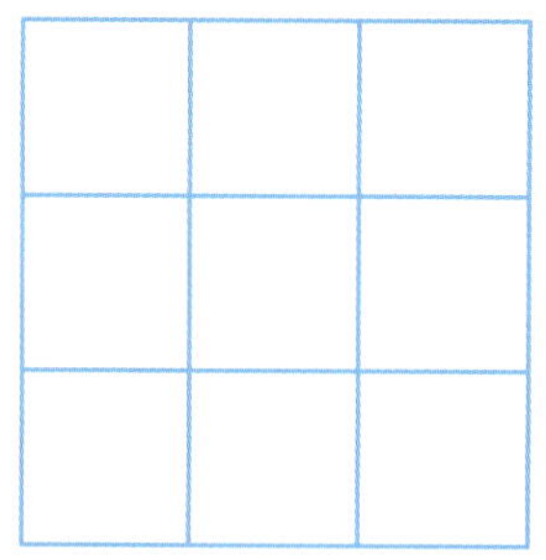

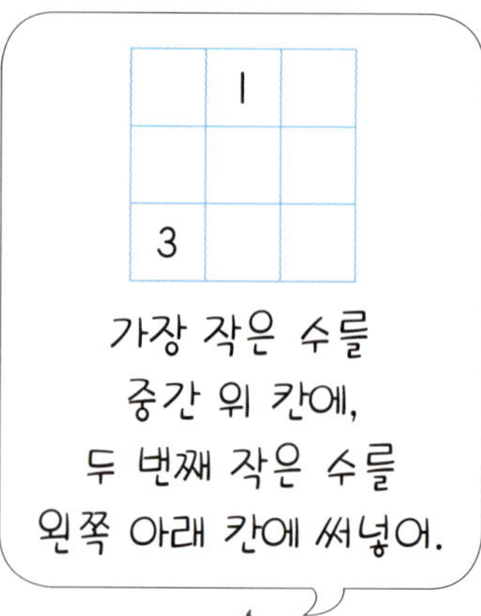

3 | 부터 7까지의 수를 한 번씩 써넣어 각 줄에 있는 세 수의 합이 | | 이 되도록 만들려고 합니다. ◯ 안에 들어가는 수를 구하시오.

4 다음 식에서 같은 문자는 같은 숫자, 다른 문자는 다른 숫자를 나타냅니다. 복면산을 풀어 보시오.

$$
\begin{array}{r}
A \\
A\ B \\
A\ B\ C \\
+\ A\ B\ C\ D \\
\hline
3\ |\ 5\ 7
\end{array}
$$

3

연속수

7 연속수와 합

대마왕이 수 배열표에서 **20**개의 수를 색칠한 후, 색칠한 수의 합을 구하려고 합니다.

11	12	13	14	15	16	17	18	19	20
21	22	23	24	25	26	27	28	29	30
31	32	33	34	35	36	37	38	39	40
41	42	43	44	45	46	47	48	49	50
51	52	53	54	55	56	57	58	59	60
61	62	63	64	65	66	67	68	69	70
71	72	73	74	75	76	77	78	79	80
81	82	83	84	85	86	87	88	89	90

대마왕

아인이는 문제를 보자마자 색칠한 수의 합을 모두 구했습니다.

아인

다음 수 배열표에서 같은 색으로 색칠한 수들의 합을 구하시오.

1	2	3	4	5	6	7	8	9	10
11	12	13	14	15	16	17	18	19	20
21	22	23	24	25	26	27	28	29	30
31	32	33	34	35	36	37	38	39	40
41	42	43	44	45	46	47	48	49	50
51	52	53	54	55	56	57	58	59	60
61	62	63	64	65	66	67	68	69	70

초록색: ☐   파란색: ☐

노크 포인트

1, 2, 3……과 같이 연속된 수를 연속수라고 합니다.

1, 3, 5……와 같이 홀수가 연속되어 있으면 연속홀수, 2, 4, 6……과 같이 짝수가 연속되어 있으면 연속짝수라고 합니다.

연속수가 홀수 개이면 연속수의 합은 (중간수)×(연속수의 개수)로 구할 수 있습니다.

예를 들어, 연속수가 2, 3, 4, ⑤, 6, 7, 8이면 중간수는 5, 연속수의 개수는 7개이므로 연속수의 합은 5×7＝35입니다.
7개

연속수가 짝수 개이면 연속수의 합은 (중간 두 수의 합)×(연속수의 개수)÷2로 구할 수 있습니다.

예를 들어, 연속수가 2, 3, 4, ⑤, ⑥, 7, 8, 9이면 연속수의 합은 (5＋6)×8÷2＝44입니다.
중간 두 수
8개

연속수의 합

1, 2, 3, 4······와 같이 연속된 수를 연속수라고 합니다. 다음 연속수의 합을 구해 봅시다.

> ① 첫수가 9, 연속수가 9개인 연속수
> ② 첫수가 7, 연속수가 8개인 연속수

❶ 첫수가 9, 연속수가 9개인 연속수를 쓴 것입니다.

				중간수				
9	10	11	12	⑬	14	15	16	17

연속수의 합은 (중간수)×(연속수의 개수)와 같습니다. 합을 구하시오.

❷ 첫수가 7, 연속수가 8개인 연속수를 쓴 것입니다.

			중간 두 수				
7	8	9	⑩	⑪	12	13	14

연속수의 합은 (중간 두 수의 합)×(연속수의 개수)÷2와 같습니다. 합을 구하시오.

> 연속수의 합을 구하는 방식은 연속수의 개수가 홀수일 때와 짝수일 때가 달라.

1 다음 연속수의 합을 구하시오.

연속수의 합을 구할 때 먼저 연속수의 개수가 홀수인지 짝수인지 알아봐야 해.

2 첫수가 7, 끝수가 19인 연속수의 합을 구하시오.

연속수의 첫수와 끝수

연속수 8개의 합이 60입니다. 이 연속수의 첫수와 끝수를 알아봅시다.

❶ 연속수 8개의 합이 60입니다. 중간 두 수의 합은 얼마입니까?

중간 두 수

$$60 = \bigcirc + \bigcirc + \bigcirc + \bigcirc + \bigcirc + \bigcirc + \bigcirc + \bigcirc$$

❷ 연속수의 합으로 나타내시오.

$$60 = \square + \square + \square + \square + \square + \square + \square + \square$$

❸ ❷에서 구한 연속수의 첫수와 끝수를 각각 쓰시오.

[연속수의 합으로 나타내기]

1 다음은 54를 두 가지 방법으로 연속수의 합으로 나타낸 것입니다. □ 안에 알맞은 수를 써넣으시오.

54=□+□+□+□

54=□+□+□+□+□+□+□+□+□

[연속수의 첫수와 끝수]

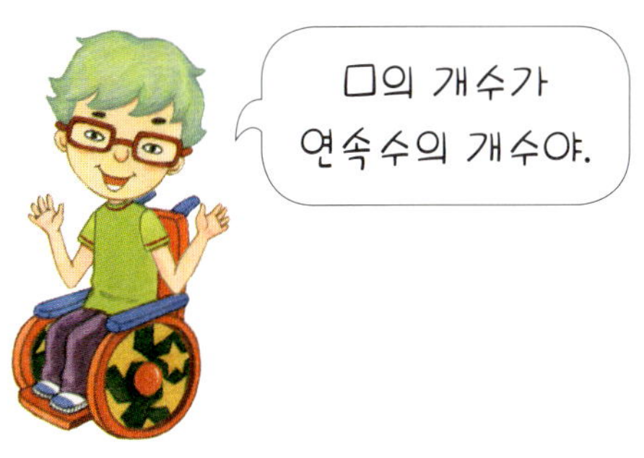

2 연속수 7개의 합이 112입니다. 이 연속수의 첫수와 끝수를 각각 구하시오.

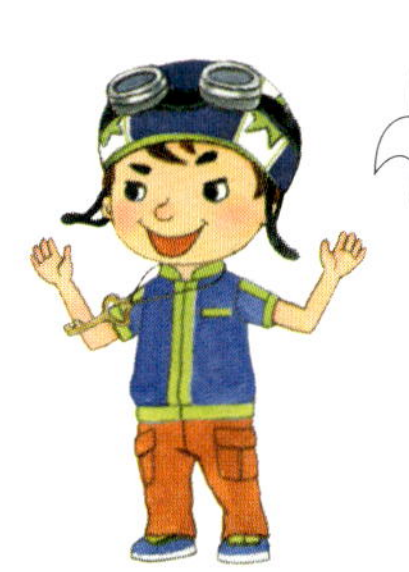

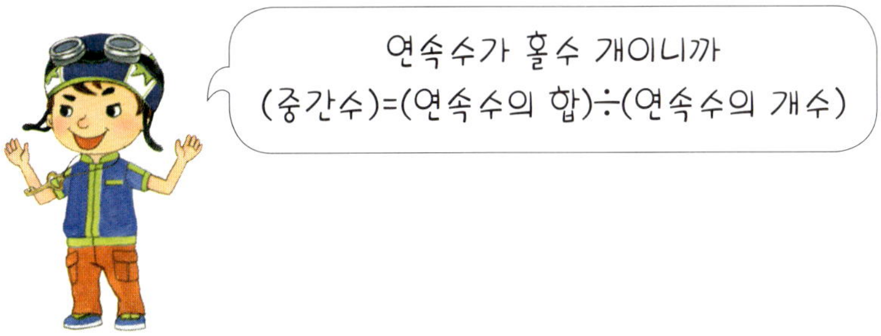

8 연속수의 합

대마왕이 **75**를 가능한 한 많은 연속수의 합으로 나타내려고 합니다.

대마왕

울보 요괴

멍하니 요괴

잠만자 요괴

잘난척 요괴

아인

아인이의 방법으로 75를 연속수의 합으로 나타내어 보시오.

$$75 = \boxed{} + \boxed{} + \boxed{} + \boxed{} + \boxed{} + \boxed{} + \boxed{} + \boxed{} + \boxed{} + \boxed{}$$

다음은 어떤 수를 같은 수의 합 또는 연속한 두 수의 합으로 나타낸 것입니다. 어떤 수를 연속수의 합으로 나타내어 보시오.

$$15=5+5+5=\boxed{4}+\boxed{5}+\boxed{6}$$

$$20=4+4+4+4+4=\boxed{}+\boxed{}+\boxed{}+\boxed{}+\boxed{}$$

$$18=4+4+5+5=\boxed{}+\boxed{}+\boxed{}+\boxed{}$$

$$21=3+3+3+4+4+4=\boxed{}+\boxed{}+\boxed{}+\boxed{}+\boxed{}+\boxed{}$$

노크 포인트

27은 3가지 방법으로 연속수의 합으로 나타낼 수 있습니다.

$$27=13+14 \qquad 27=8+9+10 \qquad 27=2+3+4+5+6+7$$

이 중 6개의 연속수를 사용한 식이 가장 많은 연속수의 합으로 나타낸 것입니다.

어떤 수를 홀수 개의 연속수의 합으로 나타내려면 어떤 수를 두 수의 곱으로 나타낸 후 한 수는 중간수, 다른 수는 연속수의 개수라 생각하여 구합니다.

$35=5\times7$ ① 중간수 5, 연속수의 개수 7 → $35=2+3+4+5+6+7+8$
② 중간수 7, 연속수의 개수 5 → $35=5+6+7+8+9$

어떤 수를 짝수 개의 연속수의 합으로 나타내려면 어떤 수를 똑같은 홀수의 합으로 나타낸 후 수끼리 더하고 빼서 구합니다.

$$27=9+9+9=(4+5)+(4+5)+(4+5)$$
$$=4+4+4+5+5+5=2+3+4+5+6+7$$
$$-1$$
$$-2$$

# 짝수 개의 연속수의 합

다음은 45를 짝수 개의 연속수의 합으로 나타내는 과정입니다. 같은 방법으로 52를 짝수 개의 연속수의 합으로 나타내어 봅시다.

$$45=15+15+15$$
$$=(7+8)+(7+8)+(7+8)$$
$$=7+7+7+8+8+8$$
$$=5+6+7+8+9+10$$

❶ 52를 똑같은 홀수의 합으로 나타내시오.

$$52= \boxed{} + \boxed{} + \boxed{} + \boxed{}$$

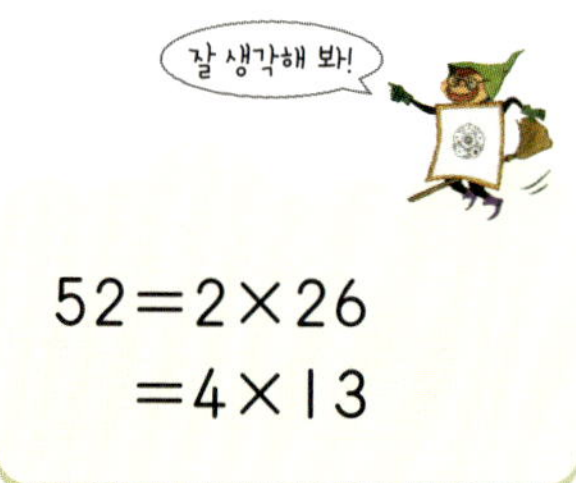

❷ ❶에서 구한 홀수를 연속된 두 수의 합으로 나타내시오.

$$52= \boxed{6} + \boxed{7} + \boxed{} + \boxed{} + \boxed{} + \boxed{} + \boxed{} + \boxed{}$$

❸ 52를 짝수 개의 연속수의 합으로 나타내시오.

1 63은 31＋32와 같이 짝수 개인 연속수의 합으로 나타낼 수 있습니다. 다른 방법으로 63을 연속수 6개의 합으로 나타내시오.

$$63 = \boxed{} + \boxed{} + \boxed{} + \boxed{} + \boxed{} + \boxed{}$$

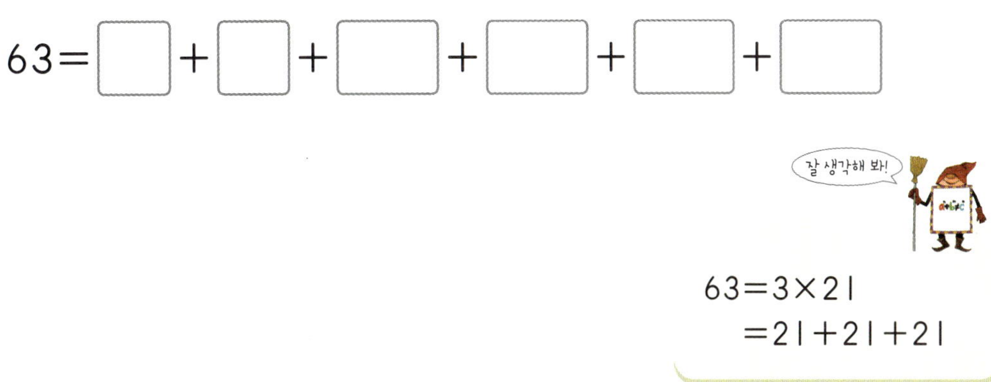

2 57을 서로 다른 2가지 방법으로 짝수 개의 연속수의 합으로 나타내시오.

$$57 = \boxed{} + \boxed{}$$

$$57 = \boxed{} + \boxed{} + \boxed{} + \boxed{} + \boxed{} + \boxed{}$$

🐙 연속수의 합으로 나타내기

60을 연속수의 합으로 나타내어 봅시다. 모두 몇 가지 방법이 있습니까?

아인　　　초이　　　　　　태경

❶ 다음은 60을 1이 아닌 두 수의 곱으로 나타낸 것입니다. 두 가지 방법으로 60을 홀수 개인 연속수의 합으로 나타내시오.

$$60 = 2 \times 30$$
$$= \boxed{3 \times 20}$$
$$= 4 \times 15$$
$$= \boxed{5 \times 12}$$
$$= 6 \times 10$$

$$60 = \underline{\hspace{5cm}}$$
$$60 = \underline{\hspace{5cm}}$$

❷ 60을 짝수 개의 연속수의 합으로 나타내시오.

$$60 = \underline{\hspace{5cm}}$$

❸ 모두 몇 가지 방법이 있습니까?

1 35를 서로 다른 세 가지 방법으로 연속수의 합으로 나타내시오.

$$35 = 17 + 18$$

$$35 = $$

$$35 = $$

2 90을 서로 다른 5가지 방법으로 연속수의 합으로 나타내시오.

$$90 = 29 + 30 + 31$$

$$90 = $$

$$90 = $$

$$90 = $$

$$90 = $$

 # 카프리카 수, 팔린드롬 수

태경이가 **495**를 특별한 수라고 합니다.

3, 1, 5
가장 큰 수: 531
가장 작은 수: 135

세 숫자를 고른 다음 가장 큰 수와 가장 작은 수를 만들어.

→

```
  5 3 1
-   1 3 5
  3 9 6
```

가장 큰 수와 가장 작은 수의 차를 구해.

→

3, 9, 6
가장 큰 수: 963
가장 작은 수: 369

앞에서 구한 차의 각 자리 숫자로 가장 큰 수와 가장 작은 수를 만들어.

→

```
  9 6 3
- 3 6 9
  5 9 4
```

가장 큰 수와 가장 작은 수의 차를 구해.

→

```
  9 5 4
- 4 5 9
  4 9 5
```

같은 방법으로 계속 차를 구해.

위와 같은 방법으로 세 숫자 4, 5, 7로 495를 만들어 보시오.

```
  7 5 4
- 4 5 7
  2 9 7
```

→

```
  9 7 2
- 2 7 9
```

→

→

울보 요괴가 2, 3, 5, 7로 네 자리 수를 만들어 태경이와 같은 방법으로 계산을 하고 있습니다. 더 계산을 하여 특별한 네 자리 수를 구해 보시오.

$$
\begin{array}{r}
7\ 5\ 3\ 2 \\
-\ 2\ 3\ 5\ 7 \\
\hline
5\ 1\ 7\ 5
\end{array}
\quad\Rightarrow\quad
\begin{array}{r}
7\ 5\ 5\ 1 \\
-\ 1\ 5\ 5\ 7 \\
\hline
5\ 9\ 9\ 4
\end{array}
\quad\Rightarrow\quad
\begin{array}{r}
9\ 9\ 5\ 4 \\
-\ 4\ 5\ 9\ 9 \\
\hline
5\ 3\ 5\ 5
\end{array}
$$

$$
\Rightarrow\quad
\begin{array}{r}
5\ 5\ 5\ 3 \\
-\ 3\ 5\ 5\ 5 \\
\hline
1\ 9\ 9\ 8
\end{array}
\quad\Rightarrow\quad
\begin{array}{r}
9\ 9\ 8\ 1 \\
-\ 1\ 8\ 9\ 9 \\
\hline
8\ 0\ 8\ 2
\end{array}
\quad\Rightarrow\quad
\begin{array}{r}
8\ 8\ 2\ 0 \\
-\ \ \ 2\ 8\ 8 \\
\hline
8\ 5\ 3\ 2
\end{array}
$$

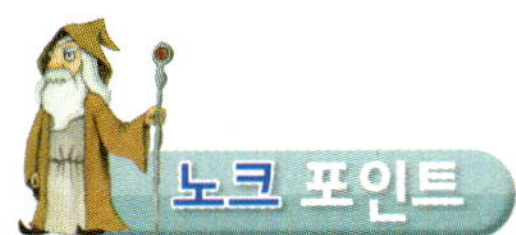

노크 포인트

수를 두 부분으로 나누어 합을 구한 다음 그 합끼리의 곱이 원래 수와 같은 수를 카프리카 수라고 합니다.

$$3025 \quad\rightarrow\quad 30+25=55 \quad\rightarrow\quad 55\times55=3025$$

505, 3113과 같이 앞으로 읽어도, 뒤로 읽어도 같은 수를 팔린드롬 수라고 합니다. 팔린드롬 수가 아닌 수에 거꾸로 읽은 수를 더해 나가면 대부분의 경우 팔린드롬 수가 만들어집니다.

$$74 \rightarrow 74+47=\underset{\text{팔린드롬 수}}{121}$$

$$57 \rightarrow 57+75=132 \rightarrow 132+231=\underset{\text{팔린드롬 수}}{363}$$

카프리카 수

인도의 수학자인 카프리카는 여행하는 중에 3025라고 적힌 이정표가 쓰러져 쪼개진 것을 발견했습니다. 카프리카는 이 이정표를 보고 '카프리카 수'를 만들었습니다.

어떤 수를 두 부분으로 나누어 더한 다음, 그 값끼리 곱한 계산 결과가 원래 수와 같을 때 그 수를 카프리카 수라고 합니다.

다음 세 수는 모두 네 자리 카프리카 수입니다. 3025와 같은 방법으로 2025, 9801이 카프리카 수임을 확인하시오.

$$3025 \quad 2025 \quad 9801$$

3025	$30 + 25 = 55 \rightarrow 55 \times 55 = 3025$
2025	
9801	

1 다음 두 자리 수 중에서 카프리카 수를 찾아 ○표 하시오.

25　　　44　　　81　　　64　　　99

2 팻말에 적힌 수가 카프리카 수인지 계산하여 확인하여 보시오.

 # 팔린드롬 수

373, 777과 같이 앞으로 읽어도, 뒤로 읽어도 같은 수가 되는 수를 팔린드롬 수라고 합니다. 팔린드롬 수가 아닌 수라도 그 수를 거꾸로 쓴 수와 더해 나가면 팔린드롬 수가 될 수 있습니다.

$$74 \rightarrow 74+47=\boxed{121} \qquad \leftarrow 1단계\ 팔린드롬\ 수$$
$$58 \rightarrow 58+85=143 \qquad \leftarrow 2단계\ 팔린드롬\ 수$$
$$143+341=\boxed{484}$$
$$249 \rightarrow 249+942=1191 \qquad \leftarrow 3단계\ 팔린드롬\ 수$$
$$1191+1911=3102$$
$$3102+2013=\boxed{5115}$$

위와 같은 방법으로 다음 수는 몇 단계 팔린드롬 수인지 알아보시오.

56	39	165

1 [팔린드롬 수 찾기]
백의 자리 숫자가 5인 세 자리 팔린드롬 수는 모두 10개 있습니다. 모두 구해 보시오.

2 [팔린드롬 수 만들기]
주어진 수를 거꾸로 쓴 수와 더하는 방법으로 팔린드롬 수를 만들어 보고, 몇 단계 팔린드롬 수인지 ☐ 안에 알맞은 수를 써넣으시오.

❶ 156 → ☐ 단계 팔린드롬 수

$$
\begin{array}{r}
1\ 5\ 6 \\
+\ 6\ 5\ 1 \\
\hline
8\ 0\ 7 \\
\downarrow \\
8\ 0\ 7 \\
+\ 7\ 0\ 8 \\
\hline
1\ 5\ 1\ 5 \\
\downarrow \\
1\ 5\ 1\ 5 \\
+\ 5\ 1\ 5\ 1 \\
\hline
6\ 6\ 6\ 6
\end{array}
$$

❷ 78 → ☐ 단계 팔린드롬 수

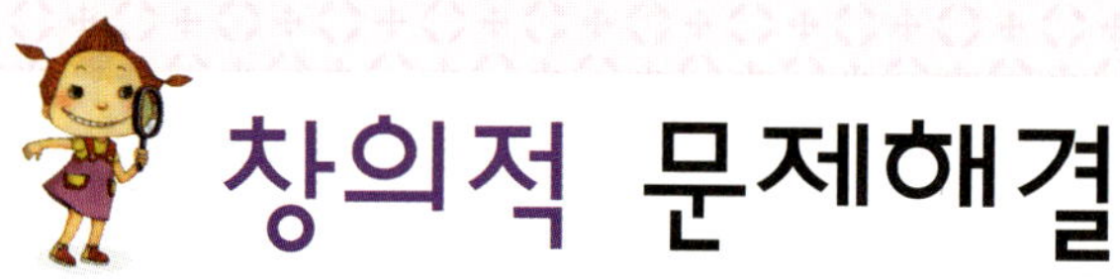

창의적 문제해결력

1 1, 3, 5, 7, 9……와 같이 홀수가 연속되어 있으면 연속홀수라고 합니다. 첫수가 7 이고 연속수의 개수가 10개인 연속홀수의 합은 얼마입니까?

2 ☐ 안에 알맞은 수를 써넣어 45를 연속수의 합으로 나타내시오.

45 = ☐ + ☐

45 = ☐ + ☐ + ☐

45 = ☐ + ☐ + ☐ + ☐ + ☐

45 = ☐ + ☐ + ☐ + ☐ + ☐ + ☐

45 = ☐ + ☐ + ☐ + ☐ + ☐ + ☐ + ☐ + ☐ + ☐

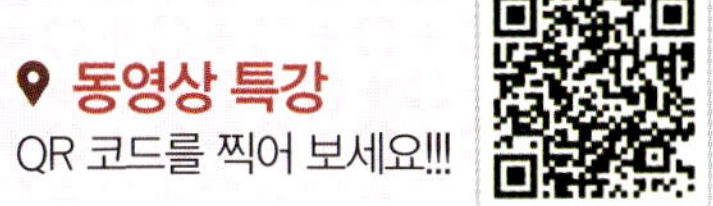

3 42를 가장 많은 연속수의 합으로 나타내시오.

4 다음 수 중에서 3단계 팔린드롬 수를 찾아 ◯표 하시오.

| 38 | 251 | 462 | 341 |

여러 가지 연산

숫자 카드 연산

꼬마 요괴들이 숫자 카드 연산 게임을 합니다. 1부터 9까지의 숫자 카드 중 각자 서로 다른 숫자 카드 4장을 한 번씩만 사용하여 네 자리 수를 만들었습니다. 만든 네 자리 수 중 가장 큰 수와 가장 작은 수의 차가 가장 큰 사람이 이깁니다.

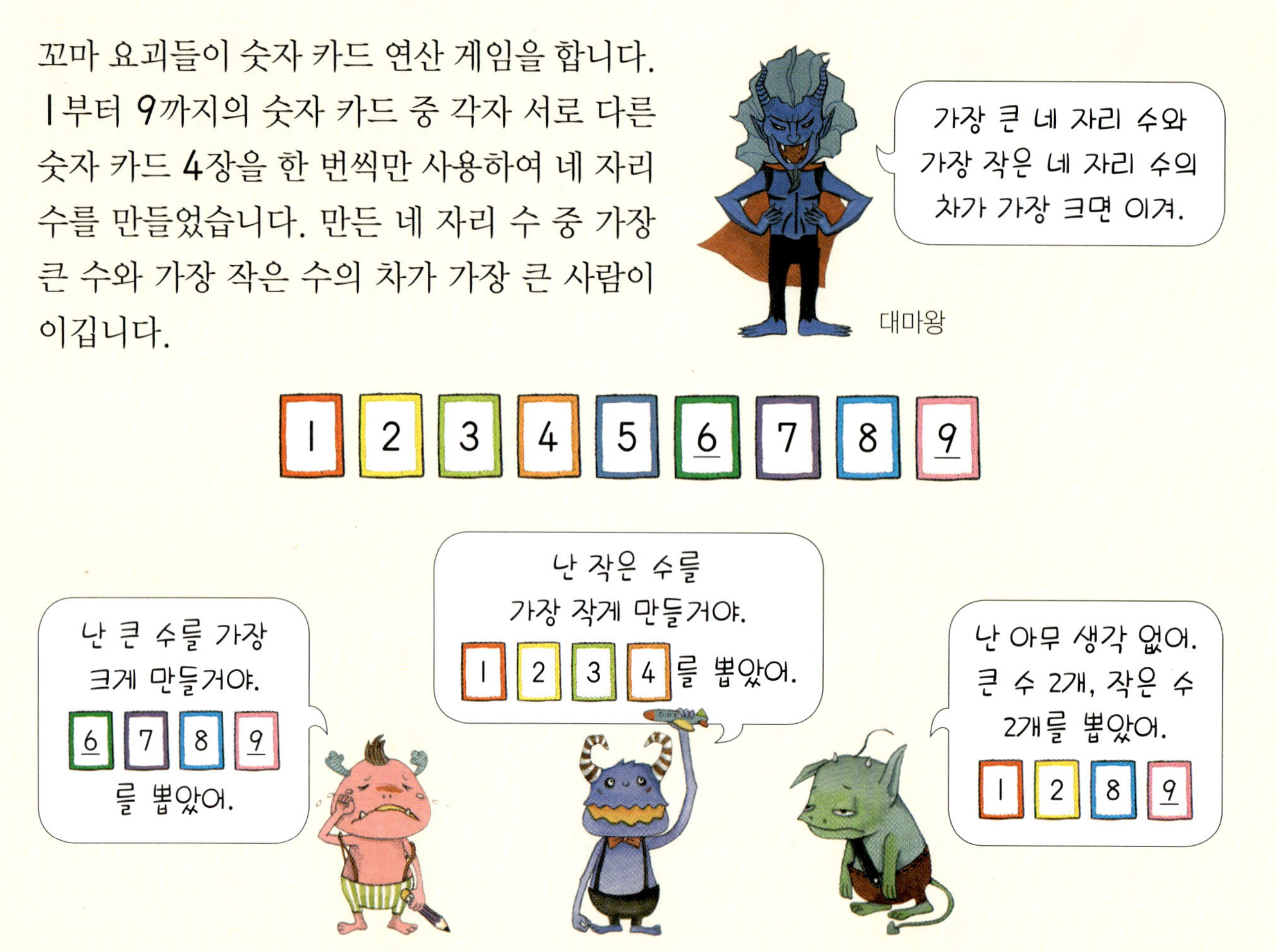

다음 표의 빈칸에 알맞은 수를 쓰고, 게임에서 이긴 요괴의 이름을 쓰시오.

숫자 카드	6 7 8 9	1 2 3 4	1 2 8 9
가장 큰 수	9876		
가장 작은 수		1234	
두 수의 차			

꼬마 요괴들이 다시 카드를 4장씩 뽑아 한 번씩 사용하여 네 자리 수를 만들었습니다. 만든 네 자리 수 중 가장 큰 네 자리 수와 가장 작은 네 자리 수의 합을 구합니다. 이때, 가장 큰 합을 만들 수 있는 요괴는 누구입니까?

숫자 카드로 만들 수 있는 수의 개수는 각 자리에 들어갈 수 있는 숫자의 개수를 곱하여 구할 수 있습니다. 1, 2, 7을 한 번씩 사용하여 만들 수 있는 세 자리 수의 개수는 다음과 같습니다.

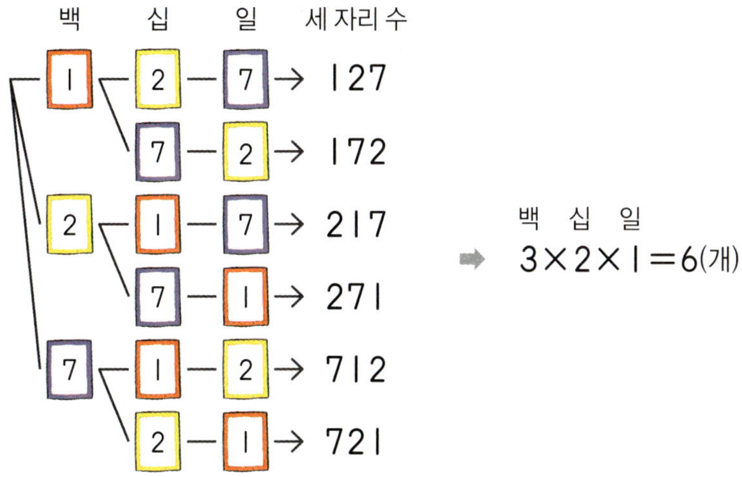

숫자 카드를 사용하여 만들 수 있는 모든 세 자리 수의 합은 각 자리별로 나누어 수의 합을 구할 수 있습니다. 1, 2, 7을 한 번씩 사용하여 만들 수 있는 모든 세 자리 수의 합은 1, 2, 7이 각 자리에 두 번씩 들어가므로

$$（일의 자리 수의 합）=(1+2+7)\times 2=20$$
$$（십의 자리 수의 합）=(1+2+7)\times 2\times 10=200$$
$$（백의 자리 수의 합）=(1+2+7)\times 2\times 100=2000$$
$$→（모든 수의 합）=20+200+2000=2220$$

# 숫자 카드로 만든 수의 합

오른쪽 4장의 숫자 카드를 한 번씩 사용하여 만들 수 있는 모든 네 자리 수의 합을 알아봅시다.

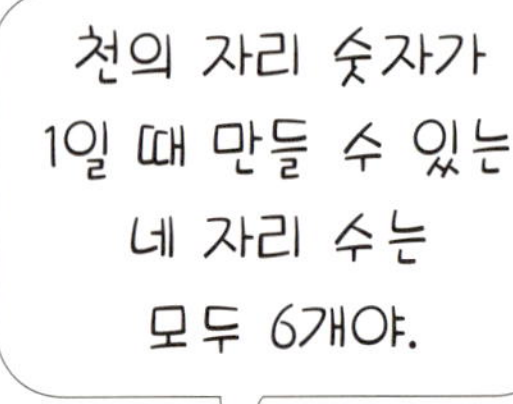

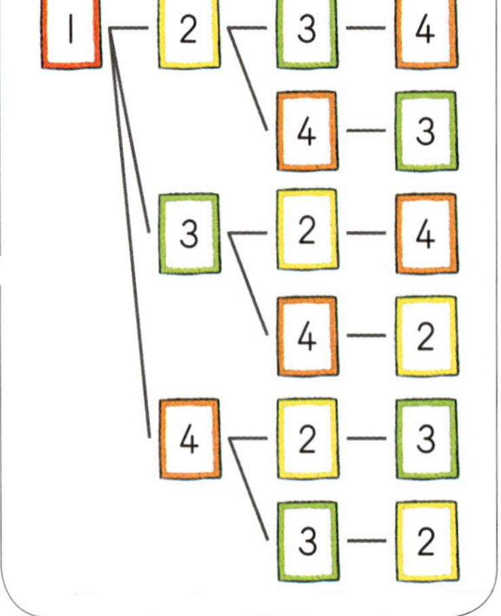

❶ 만들 수 있는 네 자리 수는 24개이고, 일의 자리에 1, 2, 3, 4가 같은 개수만큼 쓰였으므로 6개씩 쓰인 것입니다. 다음 식을 완성하여 일의 자리 수의 합을 구하시오.

$$(1+2+3+4) \times \boxed{6} = \boxed{}$$

❷ ❶과 같은 방법으로 십, 백, 천의 자리 수의 합을 구해 보시오.

- 십의 자리 수의 합: $(1+2+3+4) \times \boxed{} \times 10 = \boxed{}$

- 백의 자리 수의 합: $(1+2+3+4) \times \boxed{} \times \boxed{} = \boxed{}$

- 천의 자리 수의 합: $(1+2+3+4) \times \boxed{} \times \boxed{} = \boxed{}$

❸ 만들 수 있는 모든 네 자리 수의 합을 구하시오.

$$60 + \boxed{} + \boxed{} + \boxed{} = \boxed{}$$

1 다음 숫자 카드를 한 번씩 사용하여 만들 수 있는 네 자리 수는 모두 몇 개입니까?

2 다음 4장의 숫자 카드를 한 번씩 사용하여 만들 수 있는 모든 네 자리 수의 합은 얼마
입니까?

가장 큰 수, 가장 작은 수

1부터 9까지 숫자 중에서 서로 다른 숫자가 적힌 5장의 숫자 카드가 있습니다. 이 중 4장을 뽑아 한 번씩 사용하여 네 자리 수를 만들려고 합니다. 만든 가장 큰 네 자리 수와 가장 작은 네 자리 수의 합이 10009라고 할 때 뒤집힌 카드에 쓰여 있는 수를 알아봅시다.

❶ 뒤집힌 카드에 쓰여 있는 수가 7보다 크다고 할 때 가장 큰 수는 ⬛763이고 가장 작은 수는 2367입니다. 따라서 만든 두 수의 합이 10009가 될 수 없습니다.

$$\begin{array}{r} \blacksquare\ 7\ 6\ 3 \\ +\ 2\ 3\ 6\ 7 \\ \hline ?\ ?\ 1\ 3\ 0 \end{array}$$

⬛가 2보다 작은 1이라 할 때 만들 수 있는 가장 큰 네 자리 수와 가장 작은 네 자리 수를 차례로 쓰고, 만든 두 수의 합이 10009가 될 수 있는지 알아보시오.

❷ ⬛가 3보다 크고 6보다 작다고 할 때, 만들 수 있는 가장 큰 네 자리 수와 가장 작은 네 자리 수를 차례로 쓰시오.

❸ ❷에서 구한 두 수의 합이 10009인 경우를 찾아 뒤집힌 카드에 쓰여 있는 수를 구하시오.

1 다음 숫자 카드를 한 번씩 모두 사용하여 네 자리 수를 만들려고 합니다. 만든 가장 큰 네 자리 수와 가장 작은 네 자리 수의 합을 구하시오.

2 1부터 9까지의 숫자 중에서 서로 다른 숫자가 적힌 5장의 숫자 카드가 있습니다. 이 중 4장을 뽑아 한 번씩 사용하여 네 자리 수를 만들려고 합니다. 만든 가장 큰 네 자리 수와 가장 작은 네 자리 수의 합이 13110일 때 뒤집힌 카드에 쓰여 있는 수를 구하시오.

11 패턴 곱셈

곱셈을 어려워하는 지오가 대마법사 멀린에게 질문을 합니다.

지오

멀린

어떤 짝수에 ×5를 할 때는 어떤 짝수의 절반에 10을 곱해.
$$48 \times 5 = 24 \times 10 = 240$$

어떤 수에 ×4를 할 때는 어떤 수를 2배씩 해서 더해.
$$42 \times 4 = 84 + 84 = 168$$

어떤 짝수에 ×15를 할 때는 어떤 수와 어떤 수의 절반의 합에 10을 곱해.
$$42 \times 15 = (42 + 21) \times 10 = 630$$

어떤 수에 ×9를 할 때는 어떤 수를 10배 한 후 어떤 수를 빼.
$$78 \times 9 = 780 - 78 = 702$$

복잡한 두 수의 곱을 10, 100이 되는 곱셈을 이용하여 간단히 할 수도 있어.

$$35 \times 16 = 560$$
$$5 \times 7 \times 2 \times 8$$
$$10 \quad 56$$
$$560$$

$$24 \times 75 = 1800$$
$$4 \times 6 \times 3 \times 25$$
$$100 \quad 18$$
$$1800$$

곱이 10, 100, 1000이 되는 곱셈식을 이용하여 간단히 계산하시오.

$$2×5=10 \qquad 4×25=100 \qquad 8×125=1000$$

- $24×25=$ [ ]

- $32×125=$ [ ]

- $15×18=$ [ ]

- $75×36=$ [ ]

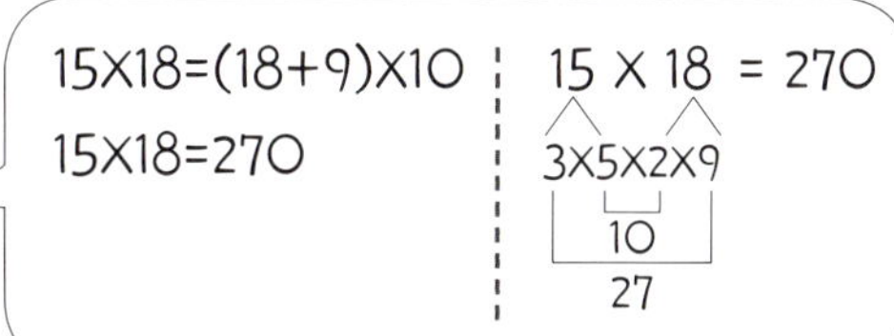

특정한 패턴의 곱셈은 규칙을 알면 곱을 쉽게 구할 수 있습니다.
어떤 수와 $9, 99, 999, 9999 \cdots\cdots$의 곱은 곱을 9의 개수만큼 나누어
앞부분은 (어떤 수)-1, 뒷부분은 (곱하는 수)$-$(앞부분)입니다.

$$85×99=8415 \qquad\qquad 724×999=723276$$

85$-$1   99$-$84   724$-$1   999$-$723

십의 자리 숫자가 같고 일의 자리 숫자의 합이 10인 두 자리 수의 곱셈	일의 자리 숫자가 같고 십의 자리 숫자의 합이 10인 두 자리 수의 곱셈

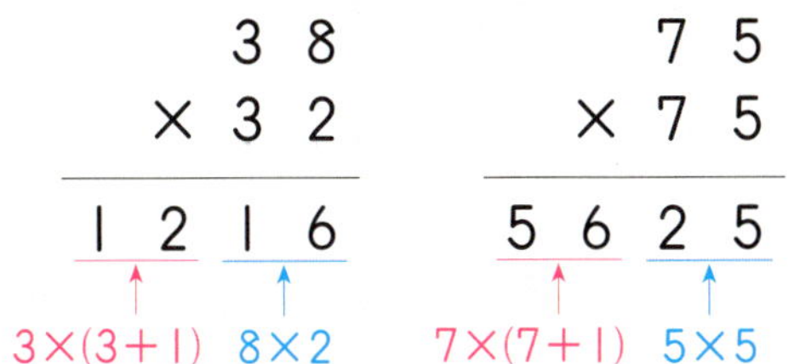

$$\begin{array}{r} 3\,8 \\ ×\ 3\,2 \\ \hline 1\,2\quad1\,6 \end{array} \qquad \begin{array}{r} 7\,5 \\ ×\ 7\,5 \\ \hline 5\,6\quad2\,5 \end{array} \qquad\qquad \begin{array}{r} 5\,4 \\ ×\ 5\,4 \\ \hline 2\,9\quad1\,6 \end{array} \qquad \begin{array}{r} 4\,6 \\ ×\ 6\,6 \\ \hline 3\,0\quad3\,6 \end{array}$$

3×(3+1)   8×2   7×(7+1)   5×5   5×5+4   4×4   4×6+6   6×6

 # 어떤 수와 9로 된 수의 곱

다음은 어떤 수와 9, 99, 999……의 곱을 구한 것입니다. 규칙을 찾아 주어진 곱셈을 간단히 계산해 봅시다.

$$3 \times 9 = 27$$
$$24 \times 99 = 2376$$
$$712 \times 999 = 711288$$
$$3212 \times 9999 = 32116788$$
$$12342 \times 99999 = 1234187658$$

❶ 곱을 오른쪽과 같이 두 부분으로 나누었습니다. 색칠한 앞부분의 수는 어떤 규칙이 있습니까?

$$3 \times 9 = \boxed{2}\,\boxed{7}$$
$$24 \times 99 = \boxed{23}\,\boxed{76}$$
$$712 \times 999 = \boxed{711}\,\boxed{288}$$

❷ 곱을 두 부분으로 나누어 합을 구하시오. 어떤 규칙이 있습니까?

$$3 \times 9 = \boxed{2}\,\boxed{7} \rightarrow 2 + 7 = \boxed{}$$
$$24 \times 99 = \boxed{23}\,\boxed{76} \rightarrow 23 + 76 = \boxed{}$$
$$712 \times 999 = \boxed{711}\,\boxed{288} \rightarrow 711 + 288 = \boxed{}$$

❸ 규칙을 찾아 다음 곱셈을 간단히 계산하여 보시오.

$$23 \times 99 = \boxed{}$$
$$889 \times 999 = \boxed{}$$

1 규칙을 찾아 ☐ 안에 알맞은 수를 써넣으시오.

$$1 \times 1 = 1$$
$$11 \times 11 = 121$$
$$111 \times 111 = 12321$$
$$1111 \times 1111 = 1234321$$
$$11111 \times 11111 = \boxed{}$$

2 규칙을 찾아 ☐ 안에 알맞은 수를 써넣으시오.

$$1 \times 9 = 9$$
$$12 \times 99 = 1188$$
$$123 \times 999 = 122877$$
$$1234 \times 9999 = 12338766$$
$$12345 \times 99999 = 1234487655$$
$$123456 \times 999999 = \boxed{}$$

두 자리 패턴 곱셈

다음은 십의 자리 숫자가 같고, 일의 자리 숫자의 합이 10인 두 자리 수의 곱셈입니다.

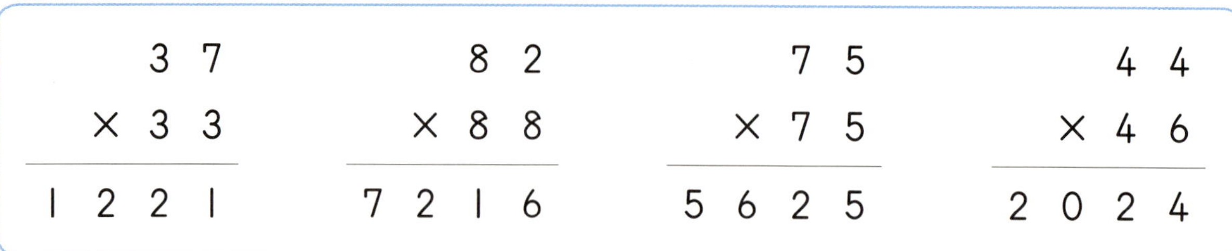

3 7	8 2	7 5	4 4
× 3 3	× 8 8	× 7 5	× 4 6
1 2 2 1	7 2 1 6	5 6 2 5	2 0 2 4

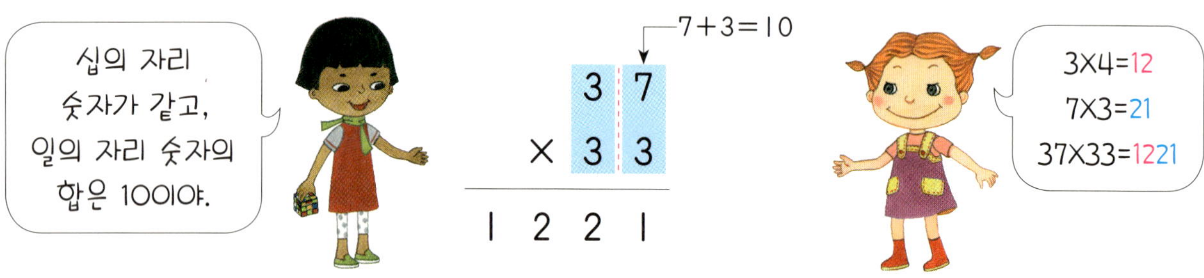

❶ 두 수의 곱을 두 숫자씩 나눈 다음 각각 두 수의 곱으로 나타내었습니다. 규칙을 찾아 ☐ 안에 알맞은 수를 써넣으시오.

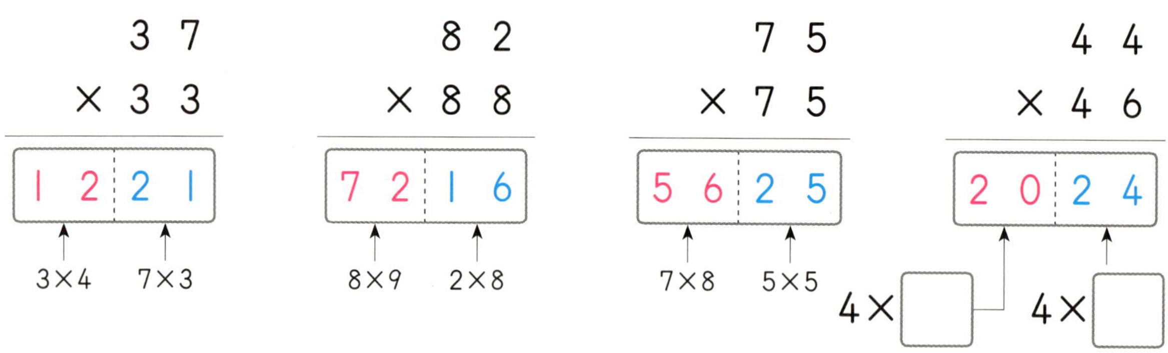

❷ 규칙을 찾아 다음 곱셈을 간단히 계산하시오.

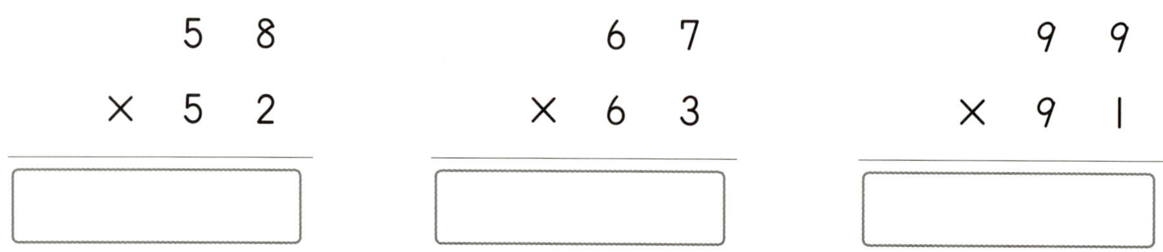

5 8	6 7	9 9
× 5 2	× 6 3	× 9 1

[제곱수]

1 왼쪽과 같이 같은 수끼리 곱한 수를 제곱수라고 합니다. ☐ 안에 알맞은 수를 써넣으시오.

$$5 \times 5 = 25$$
$$15 \times 15 = 225$$
$$25 \times 25 = 625$$
$$35 \times 35 = 1225$$

❶ $95 \times 95 = $ ☐

❷ $195 \times 195 = $ ☐

[두 자리 변형 패턴 곱셈]

2 다음은 일의 자리 숫자가 같고, 십의 자리 숫자의 합이 10인 두 자리 수의 곱셈입니다. 계산 방법의 규칙을 찾아 곱셈을 간단히 계산하시오.

```
    2 4          6 5          3 9          4 6
  × 8 4        × 4 5        × 7 9        × 6 6
  -------      -------      -------      -------
  2 0 1 6      2 9 2 5      3 0 8 1      3 0 3 6
```

❶
```
    4 8
  × 6 8
  -------
```
☐

❷
```
    8 6
  × 2 6
  -------
```
☐

12 나눗셈과 나머지

다음은 고대 이집트인들의 나눗셈 방법입니다.

135의 아래쪽은 1부터, 24의 아래쪽은 24부터 2배씩 늘어난 수를 씁니다.

$$135 \div 24$$

1	24
2	48
4	96

오른쪽 수를 더해 135보다 크지 않으면서 135에 가장 가까운 수를 찾아 표시합니다.

$$135 \div 24$$

1	24
2	48
4	96

$$24 + 96 = 120$$

표시한 줄의 왼쪽 수의 합이 몫, 135가 되도록 더한 수가 나머지입니다.

$$135 \div 24$$

①	24
2	48
④	96

$$24 + 96 = 120$$

$$135 = 24 + 96 + 15$$

몫: $1 + 4 = 5$

나머지: 15

이집트의 곱셈 방법

$$24 \times 14 = 336$$

24	1
48	2 ∨
96	4 ∨
192	8 ∨
336	14

$48 + 96 + 192 \rightarrow$ $\leftarrow 2 + 4 + 8$

🌀 이집트의 나눗셈 방법으로 몫과 나머지를 구하려고 합니다. ☐ 안에 알맞은 수를 써 넣으시오.

$273 \div 15$

1	15
2	30
4	60
8	120
16	240

$273 = 30 + 240 + 3$

몫: 2 + ☐ = ☐

나머지: ☐

$432 \div 20$

1	20
2	40
4	80
8	160
16	320

$432 = 20 + 80 + 320 + 12$

몫: ☐ + ☐ + ☐ = ☐

나머지: ☐

노크 포인트

① (어떤 수)$\div 25 =$(몫)…(나머지)이므로 (어떤 수)$=25\times$(몫)$+$(나머지)입니다.

② 나눗셈에서 몫이 크려면 나뉠 수는 크게, 나누는 수는 작게 해야 합니다. 반대로 몫이 작으려면 나 뉠 수는 작게, 나누는 수는 크게 해야 합니다.

③ 나머지는 어떤 수로 나누고 남은 수이므로 나누는 수보다 항상 작아야 합니다. 가장 큰 나머지는 (나누는 수)-1입니다.

 # 몫이 가장 클 때와 가장 작을 때

숫자 카드를 한 번씩 모두 사용하여 (세 자리 수)÷(두 자리 수)를 만들려고 합니다. 몫이 가장 클 때와 작을 때의 몫과 나머지를 알아봅시다.

❶ 숫자 카드를 한 번씩 모두 사용하여 가장 큰 세 자리 수와 가장 작은 두 자리 수를 만드시오.

❷ 몫이 크려면 나뉠 수는 크게, 나누는 수는 작게 만들어야 합니다. ❶에서 구한 수로 (세 자리 수)÷(두 자리 수)의 나눗셈식을 만들고 몫과 나머지를 구하시오.

	가장 큰 세 자리 수		가장 작은 두 자리 수		몫		나머지
몫이 가장 큰 식:	☐	÷	☐	=	☐	…	☐

❸ 몫이 작으려면 나뉠 수는 작게, 나누는 수는 크게 만들어야 합니다. (가장 작은 세 자리 수)÷(가장 큰 두 자리 수)로 몫이 가장 작은 나눗셈식을 만들고, 몫과 나머지를 구하시오.

	가장 작은 세 자리 수		가장 큰 두 자리 수		몫		나머지
몫이 가장 작은 식:	☐	÷	☐	=	☐	…	☐

1 Ⅰ, 5, 6, 7을 한 번씩 사용하여 (두 자리 수)÷(두 자리 수)의 나눗셈식을 만들려고 합니다. 몫이 가장 클 때의 나눗셈식을 쓰고 나머지를 구하시오.

2 다음 숫자 카드를 한 번씩 모두 사용하여 (세 자리 수)÷(두 자리 수)의 나눗셈식을 만들려고 합니다. 몫이 가장 작을 때의 나눗셈식을 쓰고 몫과 나머지를 구하시오.

 # 몫과 나머지가 같은 나눗셈

어떤 수를 21로 나누었더니 몫과 나머지가 같았습니다. 이러한 수 중에서 가장 큰 수를 구해 봅시다.

❶ 어떤 수를 21로 나눌 때 나올 수 있는 가장 큰 나머지는 얼마입니까?

❷ ❶에서 구한 나머지와 몫을 이용하여 나눗셈식의 □ 안에 알맞은 수를 써넣으시오.

$$(어떤 수) \div 21 = \boxed{} \cdots \boxed{}$$

❸ ❷에서 구한 나눗셈식을 검산식으로 바꾸어 어떤 수를 구해 보시오.

$$검산식 \quad (어떤 수) = \boxed{} \times \boxed{} + \boxed{} = \boxed{}$$

1 다음 나눗셈의 몫이 30이라고 할 때, ☐ 안에 들어갈 수 있는 가장 큰 수와 가장 작은 수를 구하여 차례로 쓰시오.

$$\boxed{} \div 15$$

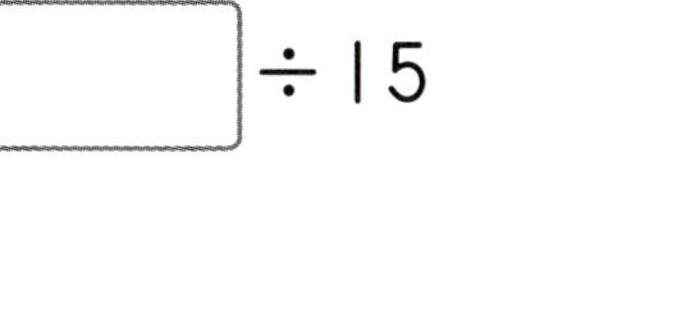

2 어떤 세 자리 수를 40으로 나누었더니 몫과 나머지가 같았습니다. 이러한 수 중에서 가장 큰 수는 얼마입니까?

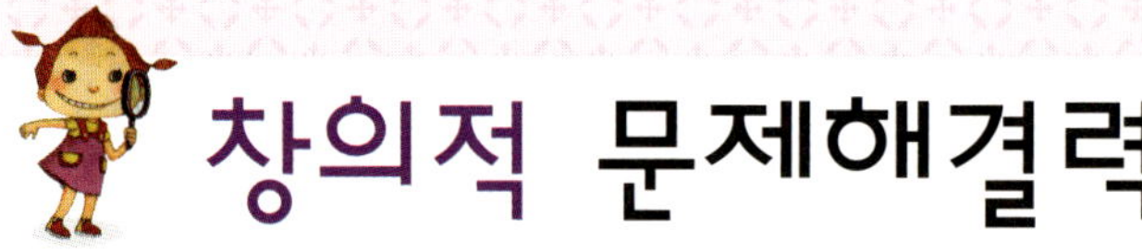

창의적 문제해결력

1 다음 숫자 카드를 한 번씩 모두 사용하여 만들 수 있는 모든 세 자리 수의 합을 구하시오.

2 다음 계산 결과를 보고 ☐ 안에 알맞은 수를 써넣으시오.

$$5 \times 9 = 45$$
$$55 \times 99 = 5445$$
$$555 \times 999 = 554445$$
$$5555 \times 9999 = 55544445$$

$$55555 \times 99999 = \boxed{}$$

3 규칙을 찾아 패턴이 있는 곱셈을 간단히 계산하시오.

①

	7	3
×	7	7
5	6	2	1

	5	8
×	5	2
3	0	1	6

	3	6
×	3	4

②

	6	4
×	4	4
2	8	1	6

	2	7
×	8	7
2	3	4	9

	3	5
×	7	5

4 세 자리 수 중 80으로 나누었을 때 몫과 나머지가 같은 수는 모두 몇 개입니까?

정답및 해설

연산

D5
(11~12세)

천재교육

정답 및 해설

D5

(11~12세)

연산

Chapter 1

포포즈와 100 만들기

1 괄호

꼬마 요괴들이 볼링핀 앞의 식을 계산하여 볼링핀에 쓰인 수와 같으면 볼링핀을 쓰러 뜨립니다. 식에 ( )를 하나씩 넣어 계산 결과를 볼링핀에 쓰인 수와 같게 만드시오.

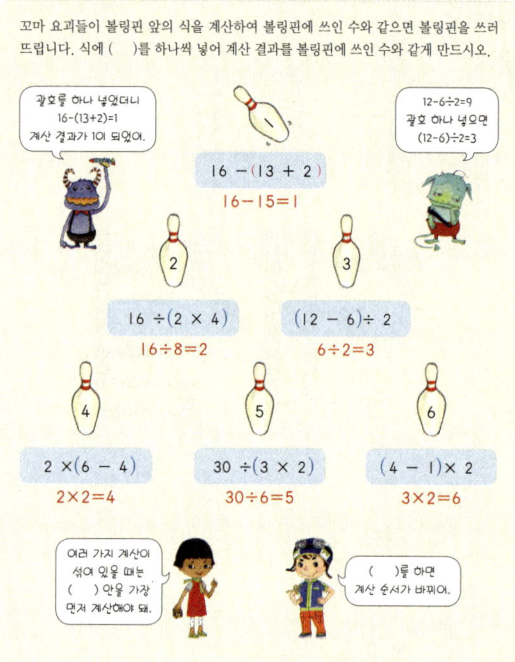

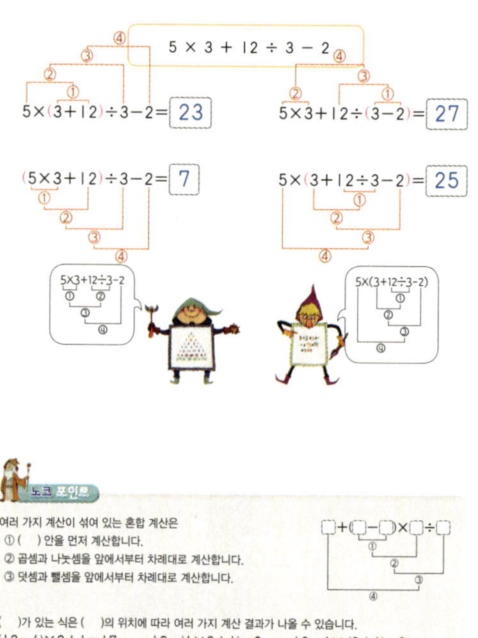

다음 식에 여러 가지 방법으로 ( )를 하나 넣었습니다. 계산 결과를 구하시오.

$$5 \times 3 + 12 \div 3 - 2$$

$5 \times (3 + 12) \div 3 - 2 = \boxed{23}$

$5 \times 3 + 12 \div (3 - 2) = \boxed{27}$

$(5 \times 3 + 12) \div 3 - 2 = \boxed{7}$

$5 \times (3 + 12 \div 3 - 2) = \boxed{25}$

노크 포인트

여러 가지 계산이 섞여 있는 혼합 계산은
① ( ) 안을 먼저 계산합니다.
② 곱셈과 나눗셈을 앞에서부터 차례대로 계산합니다.
③ 덧셈과 뺄셈을 앞에서부터 차례대로 계산합니다.

$$\square + (\square - \square) \times \square \div \square$$

( )가 있는 식은 ( )의 위치에 따라 여러 가지 계산 결과가 나올 수 있습니다.
$(12-4) \times 2 + 1 = 17 \qquad 12 - (4 \times 2 + 1) = 3 \qquad 12 - 4 \times (2 + 1) = 0$

가장 크게, 가장 작게

네 장의 숫자 카드를 한 번씩 모두 사용하여 다음과 같은 식을 만듭니다. 계산 결과가 가장 큰 식과 가장 작은 식을 만들어 봅시다.

$$\boxed{3}\ \boxed{5}\ \boxed{6}\ \boxed{9} \Rightarrow (\square + \square) \times \square \div \square$$

❶ 계산 결과가 커지려면 가장 큰 수는 곱하는 수에, 가장 작은 수는 나누는 수에 넣어야 합니다. 계산 결과가 가장 큰 식을 만들려고 합니다. □ 안에 알맞은 수를 써넣으시오.

$$(\boxed{5} + \boxed{6}) \times \boxed{9} \div \boxed{3} = \boxed{33}$$

❷ 계산 결과가 작아지려면 ❶과 반대로 하면 됩니다. 계산 결과가 가장 작은 식을 만들려고 합니다. □ 안에 알맞은 수를 써넣으시오. (단, 계산 결과가 나누어떨어지게 해야 합니다.)

$$(\boxed{3} + \boxed{6}) \times \boxed{5} \div \boxed{9} = \boxed{5}$$

$(5+6) \times 3 \div 9 = 33 \div 9 = 3 \cdots 6$
→ 나누어떨어지지 않습니다.

[가장 큰 계산 결과]

1 네 수 2, 5, 7, 9를 한 번씩 모두 사용하여 다음 계산 결과가 가장 큰 수가 되도록 만드시오.

$$(\boxed{9} - \boxed{5}) \div \boxed{2} \times \boxed{7} = 14$$

[가장 작은 계산 결과]

2 숫자 카드를 한 번씩 모두 사용하여 다음 식의 계산 결과가 가장 작은 수가 되도록 만들고, 계산 결과를 구하시오.

$$\boxed{2}\ \boxed{3}\ \boxed{4}\ \boxed{6} \Rightarrow \boxed{3} \times (\boxed{2} + \boxed{4}) \div \boxed{6} = \boxed{3}$$

계산 결과가 작아지려면 작은 수로 곱한 다음 큰 수로 나누어야 합니다.

괄호 묶기

다음 식에 ( )를 한 번 넣어 나올 수 있는 계산 결과 중 가장 큰 값과 가장 작은 값을 구해 봅시다.

$$50 - 15 + 10 \div 5 \times 2$$

❶ 두 수씩 ( )로 묶었습니다. ☐ 안에 계산 결과를 써넣으시오.

$(50-15)+10\div5\times2=\boxed{39}$ $\qquad$ $50-(15+10)\div5\times2=\boxed{40}$

$50-15+(10\div5)\times2=\boxed{39}$ $\qquad$ $50-15+10\div(5\times2)=\boxed{36}$

❷ 세 수씩 ( )로 묶고 ☐ 안에 계산 결과를 써넣으시오.

$(50 - 15 + 10) \div 5 \times 2 = \boxed{18}$

$50 - (15 + 10 \div 5) \times 2 = \boxed{16}$

$50 - 15 + (10 \div 5 \times 2) = \boxed{39}$

❸ 네 수씩 ( )로 묶고 ☐ 안에 계산 결과를 써넣으시오.

$(50 - 15 + 10 \div 5) \times 2 = \boxed{74}$

$50 - (15 + 10 \div 5 \times 2) = \boxed{31}$

❹ 계산 결과 중 가장 큰 값과 가장 작은 값은 각각 얼마입니까?

가장 큰 값: $\boxed{74}$ $\qquad$ 가장 작은 값: $\boxed{16}$

[괄호 넣어 식 만들기]

1 다음은 ( )를 한 번씩 넣어 계산 결과가 가장 클 때와 가장 작을 때의 값을 구한 것입니다. 계산 결과에 맞게 ( )를 넣으시오.

$$(15 + 8 - 3) \times 4 + 2 = 82$$

$$15 + 8 - 3 \times (4 + 2) = 5$$

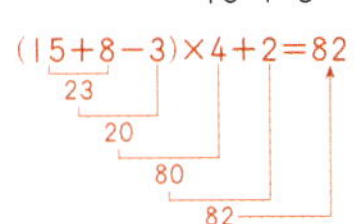
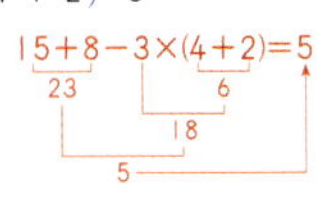

[가장 크게, 가장 작게]

2 ( )를 한 번씩 넣어 계산 결과가 가장 클 때와 가장 작을 때의 값을 구하시오.

가장 클 때: $(24 + 16 \div 8 + 2) \times 5 = \boxed{140}$

가장 작을 때: $(24 + 16) \div 8 + 2 \times 5 = \boxed{15}$

가장 클 때: $(24+16\div8+2)\times5=140$

가장 작을 때: $(24+16)\div8+2\times5=15$

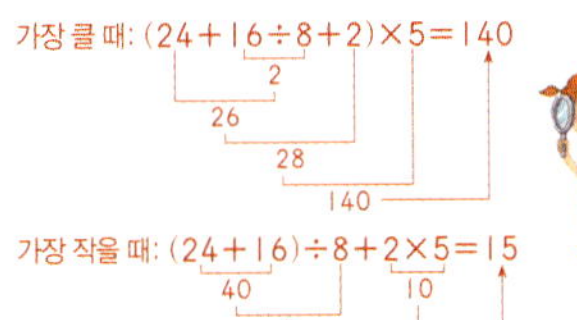

---

2 포포즈

포포즈(Four Fours)는 네 개의 4와 사칙연산 기호($+$, $-$, $\times$, $\div$), ( )를 사용하여 여러 가지 수를 만드는 퍼즐입니다.

꼬마 요괴들이 아이들이 만든 수를 다른 방법으로 만듭니다.

❶ 다음은 네 개의 4와 연산 기호를 사용하여 여러 가지 수를 만든 것입니다. ◯ 안에 $+$, $-$, $\times$, $\div$를 알맞게 써넣으시오.

$4 \,\textcircled{$\times$}\, 4 + 4 \,\textcircled{$+$}\, 4 = 24$ $\qquad$ $4 \,\textcircled{$+$}\, 4 - 4 \,\textcircled{$\div$}\, 4 = 7$

$4 \,\textcircled{$+$}\, 4 \times 4 \,\textcircled{$-$}\, 4 = 16$ $\qquad$ $4 \,\textcircled{$\times$}\, 4 \div 4 \,\textcircled{$\div$}\, 4 = 1$

노크 포인트

포포즈는 네 개의 4와 $+$, $-$, $\times$, $\div$, ( )를 사용하여 여러 가지 수를 만드는 퍼즐입니다.

$(4\div4)\times(4\div4)=1$ $\qquad$ $4-(4+4)\div4=2$

$(4+4+4)\div4=3$ $\qquad$ $4+(4-4)\times4=4$

네 개의 4 대신 네 개의 9를 사용하면 포나인즈(Four Nines)라고 합니다.

$9-(9+9)\div9=7$ $\qquad$ $(99-9)\div9=10$

포포즈, 포나인즈와 같이 수 사이에 연산 기호를 넣어 계산할 때 혼합 계산의 순서에 주의합니다.

정답 및 해설 **3**

네 개의 4로 10까지의 수 만들기

네 개의 4와 $+$, $-$, $\times$, $\div$, ( )를 사용하여 1부터 10까지의 수를 만들어 봅시다.

$$4 \quad 4 \div 4 \quad 4 = 1 \qquad (4 \div 4) + (4 \div 4) = 2$$
$$(4 \times 4 - 4) \div 4 = 3 \qquad (4 - 4) \times 4 + 4 = 4$$
$$(4 + 4 \times 4) \div 4 = 5 \qquad (4 + 4) \div 4 + 4 = 6$$
$$4 + 4 - 4 \div 4 = 7 \qquad (4 + 4) \times (4 \div 4) = 8$$
$$4 + 4 + 4 \div 4 = 9 \qquad (4 \quad 4 - 4) \div 4 = 10$$

❶ $4+4=8$, $4 \div 4 = 1$입니다. 다음을 이용하여 4 네 개로 7, 8, 9를 만들어 보시오.

$$8 - 1 = 7 \qquad 8 \times 1 = 8 \qquad 8 + 1 = 9$$

$$4 + 4 - 4 \div 4 = 7, (4 + 4) \times (4 \div 4) = 8, 4 + 4 + 4 \div 4 = 9$$

❷ $44 - 4 = 40$, $4 \times 4 - 4 = 12$입니다. 나머지 4 하나를 더 사용하여 10과 3을 만들어 보시오. $(44 - 4) \div 4 = 10, (4 \times 4 - 4) \div 4 = 3$

❸ 위와 같은 방법을 이용하여 나머지 수 2, 4, 6을 만들어 보시오.
$$(4 \div 4) + (4 \div 4) = 2, (4 - 4) \times 4 + 4 = 4, (4 + 4) \div 4 + 4 = 6$$
여러 가지 답이 있습니다.

[네 개의 4로 수 만들기]

1 네 개의 4와 $+$, $-$, $\times$, $\div$, ( )를 사용하여 다음 수를 만들어 보시오.

예 $4 \times (4 + 4 \div 4) = 20$

$$4 \quad 4 - 4 - 4 = 36$$

$$(4 + 4 + 4) \times 4 = 48$$

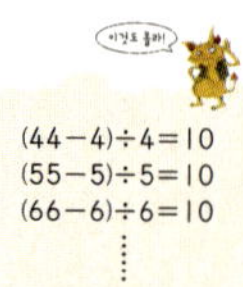

[모나인즈]

2 알맞은 곳에 ( )를 넣어 7, 8, 9, 10을 각각 만들어 보시오.

$$9 - (9 + 9) \div 9 = 7$$
$$(9 \times 9 - 9) \div 9 = 8$$
$$(9 - 9) \times 9 + 9 = 9$$
$$(9 \quad 9 - 9) \div 9 = 10$$

쓰리 넘버스

꼬마 요괴들이 3과 $+$, $-$, $\times$, $\div$, ( )를 사용하여 24를 만들었습니다. 같은 방법으로 3을 3개, 4개, 5개 사용하여 각각 27을 만들어 봅시다.

$$3 + 3 + 3 + 3 + 3 + 3 + 3 + 3 = 24$$

$$3 \times 3 + 3 \times 3 + 3 + 3 = 24$$

$$3 \times (3 \times 3 - 3 \div 3) = 24$$

$$3 \times 3 \times 3 - 3 = 24$$

❶ 3을 각각 2개, 3개, 4개 사용하여 9를 만들어 보시오.

$$3 \times 3 = 9$$
$$3 + 3 + 3 = 9$$
예 $3 \times 3 + 3 - 3 = 9$
또는 $3 \div 3 \times 3 \times 3 = 9$

❷ ❶에서 만든 9를 이용하여 3개, 4개, 5개의 3으로 27을 만들어 보시오.

$$3 \times 3 \times 3 = 27$$
$$(3 + 3 + 3) \times 3 = 27$$
예 $(3 \times 3 + 3 - 3) \times 3 = 27$
또는 $(3 \div 3 \times 3 \times 3) \times 3 = 27$

[3으로 36 만들기]

1 표지판에 적힌 개수만큼 3을 사용하고 $+$, $-$, $\times$, $\div$, ( )를 사용하여 36을 만들어 보시오. (단, 여러 가지 방법이 있습니다.)

❶ 예 $33 + 3 = 36$

❷ 예 $(3 + 3) \times (3 + 3) = 36$

여러 가지 답이 있습니다.

[가장 적은 3으로 54 만들기]

2 가장 적은 개수의 3과 $+$, $-$, $\times$, $\div$, ( )를 사용하여 54를 만들어 보시오.
$$(3 + 3) \times 3 \times 3 = 54$$

4   D5 연산

③ Take 100

1에서 9까지의 수를 순서대로 쓴 다음 ＋, －, ×, ÷, ( )를 사용하여 100이 되는 계산식을 만드는 것을 테이크 백(take 100)이라고 합니다.

$$1 \ 2 \ 3 \ 4 \ 5 \ 6 \ 7 \ 8 \ 9 = 100$$

선생님의 말씀을 들은 초이와 지오는 각각 두 부분으로 식을 나누어 20과 5를 만듭니다.

계산식을 여러 부분으로 나누어 100을 만든 것입니다.

$$1 \ 2 \ 3 \ 4 \ 5 \ 6 \ 7 \ 8 \ 9 = 100 \rightarrow 12 - 1 + 89 = 100$$
$$\rightarrow 12 - (3 + 4 - 5 + 6 - 7) + 89 = 100$$

위와 같이 다음 두 가지 방법으로 100이 되는 계산식을 만들어 보시오.

- $1 \ 2 \ 3 \ 4 \ 5 \ 6 \ 7 \ 8 \ 9 = 100 \rightarrow 28 + 72 = 100$
  $$\rightarrow 1+2+3+4+5+6+7+8 \times 9 = 100$$

- $1 \ 2 \ 3 \ 4 \ 5 \ 6 \ 7 \ 8 \ 9 = 100 \rightarrow 14 \times 5 + 30 = 100$
  $$\rightarrow (1 \times 2 + 3 \times 4) \times 5 + 6 + 7 + 8 + 9 = 100$$

토크 포인트

수 사이에 ＋, －, ×, ÷, ( )를 넣어 한 번에 100이 되는 식을 만드는 것은 어렵습니다. 식을 두 부분 또는 세 부분으로 나누어 생각합니다.

주어진 수 사이에 모두 ＋를 넣었을 때의 계산 결과는 ＋ 대신 －를 하나 넣을 때의 계산 결과와 빼는 수의 2배만큼 차이납니다.

$$1+2+3+4+5+6+7+8+9=45$$
$$1+2+3+4-5+6+7+8+9=35 \quad\left.\right\} 45-35=10$$

5의 2배

＋와 －

다음 ○ 안에 ＋ 또는 －를 넣어 식이 성립하도록 만들어 봅시다.

$$1 \bigcirc 2 \bigcirc 3 \bigcirc 4 \bigcirc 5 \bigcirc 6 \bigcirc 7 \bigcirc 8 \bigcirc 9 = 37$$

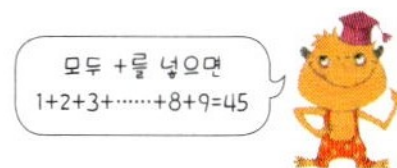

① ○ 안에 들어가는 기호가 모두 ＋일 때 계산 결과를 구하시오.

$$1+2+3+4+5+6+7+8+9 = \boxed{45}$$

문제의 계산 결과인 37이 되려면 얼마만큼 작아져야 합니까? 8

$$45-37=8$$

② ＋ 한 개를 －로 바꾸면 계산 결과가 빼는 수의 2배만큼 작아집니다. 어떤 수의 앞에 있는 ＋를 －로 바꾸어야 합니까? 4

$$8 \div 2 = 4$$

③ ○ 안에 ＋ 또는 －를 넣어 식이 성립하도록 만들어 보시오.

$$1 \boxed{+} 2 \boxed{+} 3 \boxed{-} 4 \boxed{+} 5 \boxed{+} 6 \boxed{+} 7 \boxed{+} 8 \boxed{+} 9 = 37$$

[＋, － 넣기]

1 다음 ○ 안에 ＋, －를 넣어 식이 성립하도록 만들어 보시오.

$$1+2+3+4+5+6+7+8=36$$

① $1 \boxed{+} 2 \boxed{+} 3 \boxed{+} 4 \boxed{-} 5 \boxed{+} 6 \boxed{+} 7 \boxed{+} 8 = 26$

36－26=10이므로 10의 반인 5 앞에 －를 넣습니다.

② $1 \boxed{+} 2 \boxed{+} 3 \boxed{+} 4 \boxed{+} 5 \boxed{+} 6 \boxed{+} 7 \boxed{-} 8 = 20$

36－20=16이므로 16의 반인 8 앞에 －를 넣습니다.

[－로 바꾸기]

2 다음 식에서 ＋ 한 개를 －로 바꾸어 식이 성립하도록 만들어 보시오.

$$1+2+3+4+5+6+7=28$$

$$1+2-3+4+5+6+7=22$$
3의 2배인 6만큼 작아져야 합니다.
$$1+2+3-4+5+6+7=20$$
4의 2배인 8만큼 작아져야 합니다.
$$1+2+3+4+5+6-7=14$$
7의 2배인 14만큼 작아져야 합니다.

28과 계산 결과의 차를 구한 다음, 차의 반만큼을 뺍니다.

26 / 27

🦉 목표수 만들기

다음 수 사이에 $+, -, \times, \div, (\ )$를 넣어 식이 성립하도록 만들어 봅시다.

한 번에 60이 되는
식을 생각하지 말고
두 부분으로 나누어서
생각해보렴.

60을 두 수의
곱으로 나타내면
3×20
4×15
5×12
6×10
등으로 나타낼 수 있어.

❶ 60=5×12입니다. 식을 두 부분으로 나누어 한 부분은 5,
다른 부분은 12를 만들어 보시오.

$$1+2+3+4-5=5$$

$$6+7+8-9=12$$

6+7=13
6+7+8=21
6+7+8−9=12

❷ ❶에서 만든 두 부분을 합쳐 식이 성립하도록 만드시오.

$$(1+2+3+4-5)\times(6+7+8-9)=60$$

여러 가지 답이 있습니다.

[36 만들기]

1 식이 성립하도록 ( )를 넣어 보시오.

예 $9 \times (8+7-6-5)+4-3-2+1=36$

[일곱 개의 4로 100 만들기]

2 일곱 개의 4와 $+, -, \times, \div, (\ )$를 넣어 100을 만들어 보시오.

예 $4\quad 4\quad 4\div4-4\quad 4\div4=100$

$$44+44+4+4+4=100$$

$$(4\times4+4)\times4+4\times4+4=100$$

여러 가지 답이 있습니다.

4를 네 개 쓰면 88을
만들 수 있단다.
44+44=88
나머지 4 세 개로 12
를 만들어 보렴.

---

28 / 29

🎓 창의적 문제해결력

1 네 개의 3과 $+, -, \times, \div, (\ )$를 사용하여 1부터 10까지의 수를 만들어 보시오.

$$3\div3+3-3=1 \qquad 3\div3+3\div3=2$$

$$3\times3-3-3=3 \qquad (3\times3+3)\div3=4$$

$$3+3-3\div3=5 \qquad 3+3-3+3=6$$

$$3+3+3\div3=7 \qquad 3\times3-3\div3=8$$

$$3\times3+3-3=9 \qquad (3\quad 3-3)\div3=10$$

여러 가지 답이 있습니다.

2 네 개의 8과 $+, -, \times, \div, (\ )$를 사용하여 1부터 5까지의 수를 만들려고 합니다.
만들 수 없는 수는 무엇입니까? **5**

$$8\div8+8-8=1$$

$$8\div8+8\div8=2$$

$$(8+8+8)\div8=3$$

$$8\times8\div(8+8)=4$$

8을 두 개 붙여
88을 만들 수 있어.
88을 이용하면
88÷8=8-3

---

3 다음 식에 ( )를 하나 넣어 계산 결과가 가장 클 때와 가장 작을 때의 값을 구하시오.

$$18-12\div3\times2+1$$

가장 클 때: $(18-12\div3)\times2+1 = \boxed{29}$
14×2+1

가장 작을 때: $(18-12)\div3\times2+1 = \boxed{5}$
6÷3×2+1

4 다음 ○ 안에 $+$ 또는 $-$를 넣었을 때 계산 결과로 나올 수 없는 수에 모두 ○표 하
시오.

$$9\bigcirc8\bigcirc7\bigcirc6\bigcirc5\bigcirc4\bigcirc3\bigcirc2\bigcirc1$$

43	④⓪	④⑦	35	29

$$9+8+7+6+5+4+3+2-1=43$$

$$9+8+7+6-5+4+3+2+1=35$$

$$9-8+7+6+5+4+3+2+1=29$$

40은 짝수이므로 만들 수 없고, 47은 1부터 9까지의 수의 합인 45보다 크므로 만들 수
없습니다.

---

6 D5 연산

Chapter 2

마방진과 복면산

4 마방진

지금으로부터 4천년 전 고대 중국의 우왕 시대에 황하의 제방 공사를 하던 중 강에 큰 거북 한 마리가 나타났습니다. 이 거북의 등에는 신비한 무늬가 새겨져 있었는데 이 무늬의 점의 수를 세어보면 1부터 9까지였습니다.

다음 마방진에서 가로, 세로, 대각선 방향으로 각각 세 수의 합을 구해 □ 안에 써넣으시오.

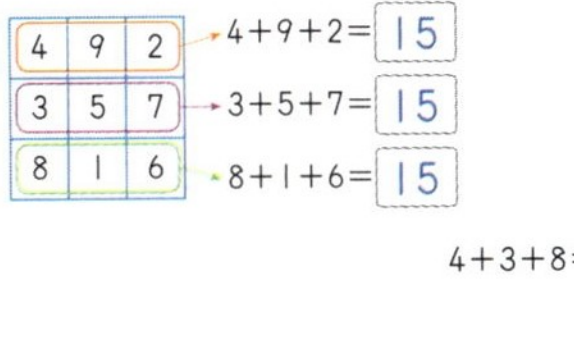

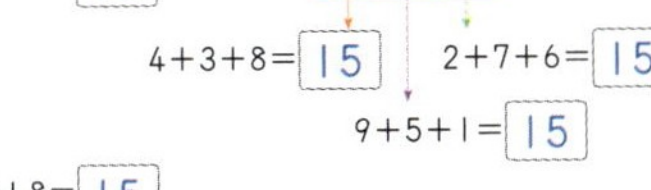

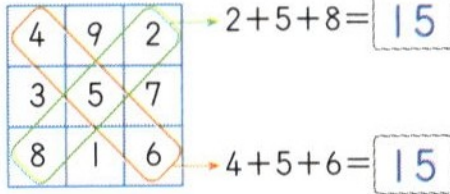

가로, 세로, 대각선 방향으로 각각 세 수의 합이 모두 같은 마방진입니다. 색칠한 칸에 알맞은 수를 써넣으시오.

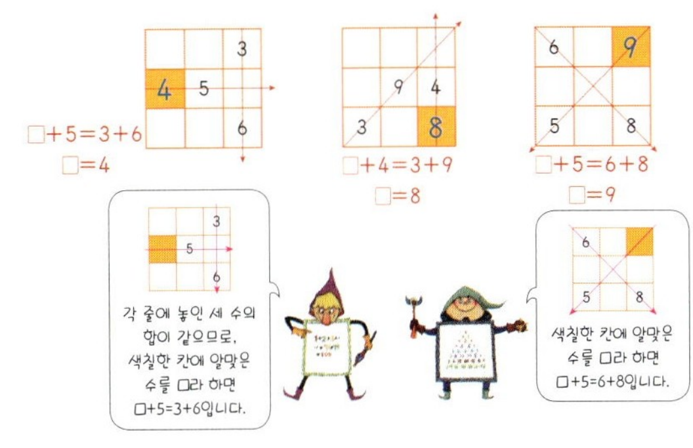

노트 포인트

마방진은 가로, 세로, 대각선 방향에 각각 놓인 세 수의 합이 모두 같아서 매직 스퀘어라고도 부릅니다.

4 9 2
3 5 7
8 1 6
마방진

가로, 세로, 대각선 방향으로 세 수의 합은 각각 다음과 같습니다.
(한 줄에 놓인 세 수의 합)=(전체 9개 수의 합)÷3

마방진의 가운데 칸에는 작은 수부터 차례로 나열했을 때 가운데 수가 들어갑니다.

마방진 만들기

오른쪽 그림의 각 칸에 1부터 9까지의 수를 한 번씩 써넣어 가로, 세로, 대각선 방향으로 각각 세 수의 합이 모두 같도록 만들어 봅시다.

❶ 1부터 9까지의 수의 합을 이용하여 한 줄에 있는 세 수의 합을 구하시오. 15
(1+2+3+4+5+6+7+8+9)÷3
=45÷3
=15

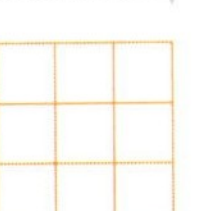

❷ 1부터 9까지의 수 중에서 합이 15가 되는 세 수를 선으로 연결한 것입니다.

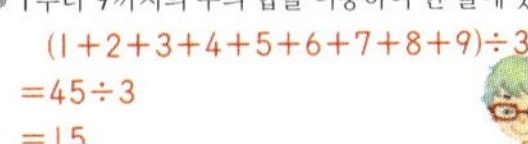

가운데 칸에 5를 써넣은 다음 위에서 세 수의 합이 15가 되도록 선으로 연결한 나머지 수를 가로, 세로, 대각선 방향으로 써넣으시오.

여러 가지 답이 있습니다.

[마방진 완성하기]

1 1부터 9까지의 수를 사용하여 마방진을 만들려고 합니다. 1, 2, 5의 위치가 다음과 같을 때 나머지 수를 채워 마방진을 완성하시오.

4 9 2
3 5 7
8 1 6

가로, 세로, 대각선 방향으로 각각 세 수의 합이 15가 되도록 채워 나가면 돼.

[1 큰 마방진]

2 다음 각 칸에 2부터 10까지의 수를 한 번씩 써넣어 가로, 세로, 대각선 방향으로 각각 세 수의 합이 모두 같게 만드시오.

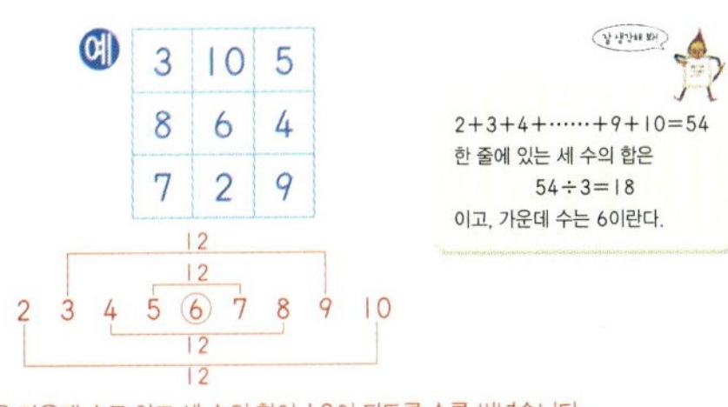

6을 가운데 수로 하고 세 수의 합이 18이 되도록 수를 써넣습니다.

정답 및 해설 **7**

곱셈 마방진

오른쪽 각 칸에 왼쪽 9개의 수를 써넣어 가로, 세로, 대각선 방향으로 각각 세 수의 곱이 모두 같게 만들어 봅시다.

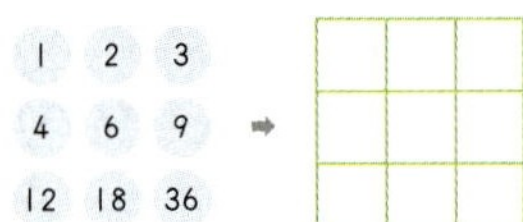

```
 1   2   3
 4   6   9   ⇒
12  18  36
```

❶ 세 수의 곱이 같은 세 수를 선으로 연결한 것입니다. 세 수의 곱은 얼마입니까?   216

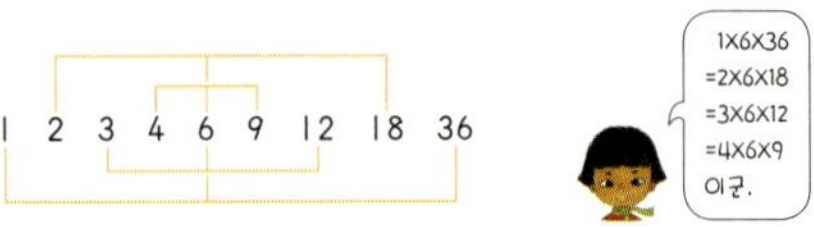

```
1  2  3  4  6  9  12  18  36
```


❷ 곱셈 마방진의 가운데 칸에 들어갈 수는 무엇입니까?   6

❸ ❷에서 구한 수를 가운데 칸에 써넣고 나머지 수를 채워 곱셈 마방진을 완성하시오.

```
12   1  18
 9   6   4
 2  36   3
```

[가운데 칸의 수]

1 ○ 안에 1, 2, 4, 8, 16을 한 번씩 써넣어 각 줄에 있는 세 수의 곱이 같도록 만들려고 합니다. 가운데 칸에 알맞은 수를 써넣으시오.

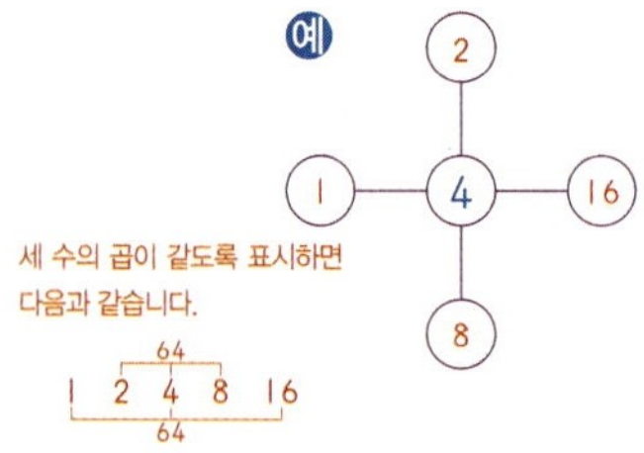

세 수의 곱이 같도록 표시하면
다음과 같습니다.

```
      64
 1   2   4   8   16
          64
```

[곱셈 마방진 완성하기]

2 각 칸에 세 수의 곱이 같도록 선으로 연결한 수를 써넣어 곱셈 마방진을 완성하시오.

```
20    1   50
25   10    4
 2  100    5
```

```
1  2  4  5  10  20  25  50  100
```


---

5 여러 가지 마방진

궁금한 건 못 참는 지오가 마방진의 가운데 칸의 숫자가 왜 5인지 묻습니다.

지오가 좋은 질문을 했습니다. 수학의 핵심은 당연하다고 생각하는 것을 '왜'인지 묻고 그걸 논리적으로 밝히는 것입니다. 그럼 한번 알아봅시다.

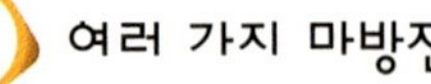

---

❶ 각 줄에 놓인 수의 합이 모두 같도록 1부터 9까지의 수를 빈 곳에 알맞게 써넣으시오.

```
        6
    2       9
  7           1
5     3   8     4
```

예
```
    6   7   2
  3     1     8
    9       5
        4
```


노크 포인트

여러 가지 모양의 마방진입니다. 마방진은 각 줄에 놓인 수들의 합이 모두 같습니다.

```
    1
2   3   4
    5
십자진
```

```
    1
  6   5
2   4   3
삼각진
```

```
        1
  2   9   8   7
  10        12
  6   11   4   5
        3
별진
```

여러 가지 마방진에서 수를 채울 때, 색칠한 칸의 수는 각 줄의 합을 구할 때 여러 번 포함되는 수입니다.

8 D5 연산

원형진

1부터 9까지의 수를 한 번씩 써넣어 각 줄에 있는 세 수의 합이 모두 같도록 만들려고 합니다. ● 안에 들어갈 수 있는 수를 모두 구해 봅시다.

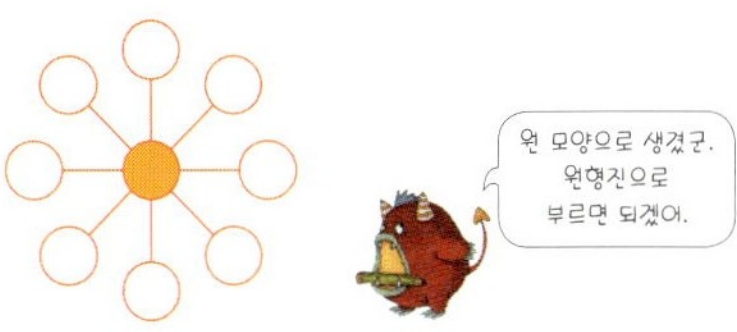

❶ ● 안에 1을 넣으면 나머지 8개의 수를 두 수씩 묶어 두 수의 합이 11로 모두 같게 만들 수 있습니다. 오른쪽 원형진에 2부터 9까지의 수를 써넣어 완성하시오.

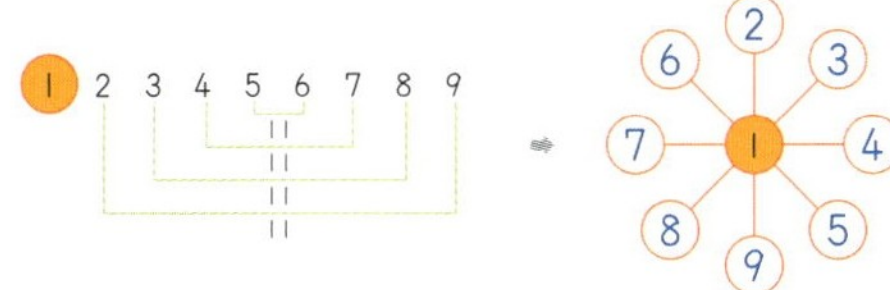

❷ ● 안에 2를 넣으면 나머지 8개의 수를 두 수씩 묶어 두 수의 합이 모두 같게 만들 수 없습니다. ❶과 같은 방법으로 가운데 칸에 들어갈 수 있는 수를 모두 구하시오.   5, 9

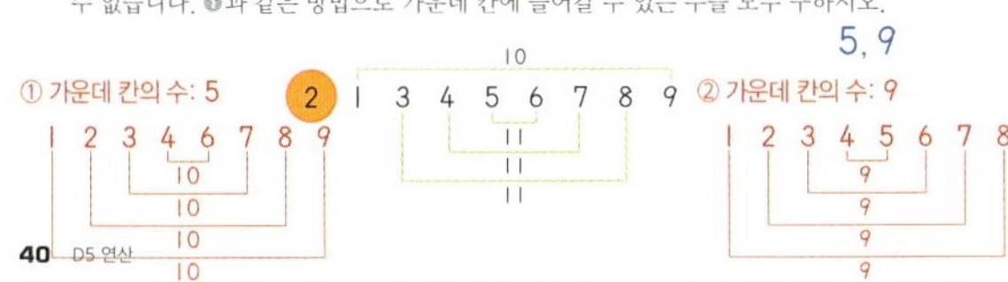

[십자진]

1 1부터 5까지의 수를 한 번씩 사용하여 각 줄에 놓인 세 수의 합이 모두 같도록 만들 때 색칠한 칸에 들어갈 수 있는 수를 모두 구하시오.   1, 3, 5

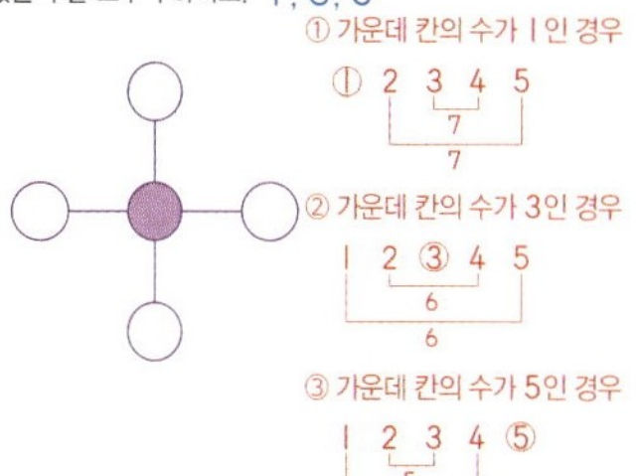

① 가운데 칸의 수가 1인 경우
② 가운데 칸의 수가 3인 경우
③ 가운데 칸의 수가 5인 경우

[다섯 방향 마방진]

2 1부터 11까지의 수를 한 번씩 사용하여 각 줄에 놓인 세 수의 합이 모두 같도록 만들려고 합니다. 세 수의 합이 가장 클 때와 가장 작을 때의 값을 구하시오.   22, 14

① 세 수의 합이 가장 큰 경우   ② 세 수의 합이 가장 작은 경우

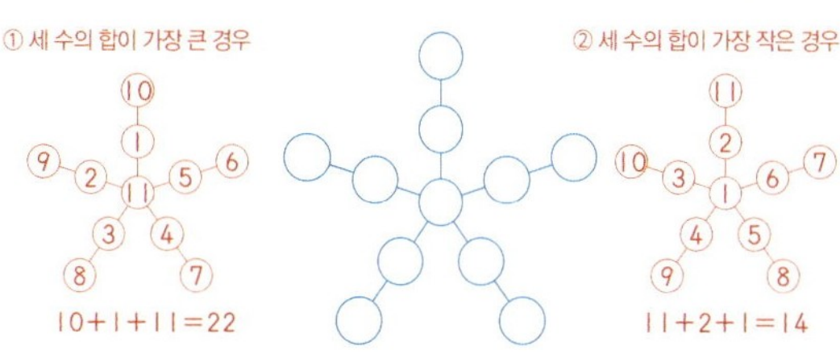

$10+1+11=22$ $11+2+1=14$

삼각진

1부터 9까지의 수를 한 번씩 사용하여 각 변에 놓인 수의 합이 삼각형 안의 수가 되도록 만들어 봅시다. (단, 삼각형의 꼭짓점에 있는 세 수는 1, 2, 3과 같이 연속하는 수입니다.)

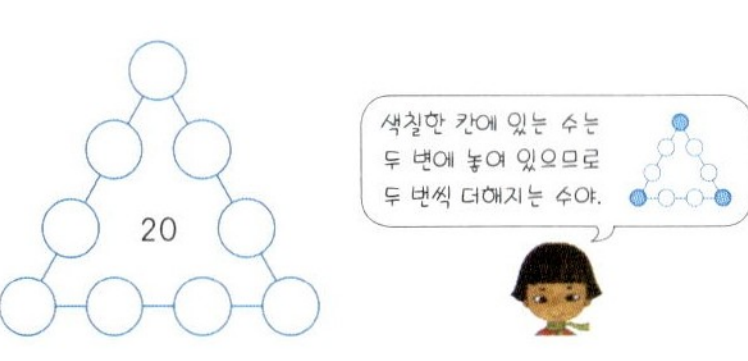

❶ ○ 안에 들어가는 모든 수의 합은 45이고, 한 변에 있는 네 수의 합은 20입니다. 다음 색칠한 곳에 들어가는 세 수의 합을 구하시오.   15
색칠한 칸은 2번 더해지는 곳이므로 세 수의 합은 $20\times3-45=15$입니다.

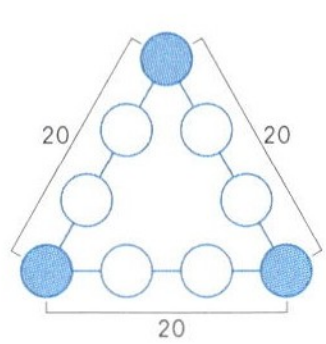

❷ ❶에서 구한 세 수의 합에 알맞은 연속된 세 수를 색칠한 ● 안에 써넣고, 나머지 수도 조건에 맞게 써넣으시오.

예

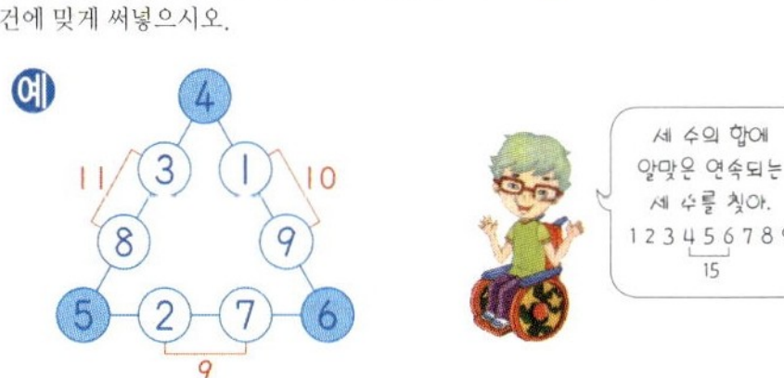

[삼각진의 꼭짓점의 수]

1 ○ 안에 1부터 9까지의 수를 한 번씩 써넣어 각 변에 놓인 네 수의 합이 모두 23이 되도록 만들려고 합니다. 색칠한 ● 안에 들어갈 세 수의 합을 구하시오.   24

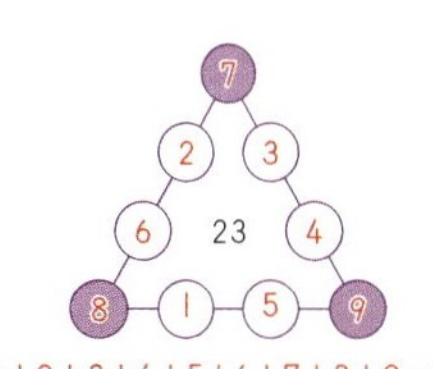

$1+2+3+4+5+6+7+8+9=45$
꼭짓점의 세 수의 합: $23\times3-45=24$

[6칸 삼각진]

2 ○ 안에 1부터 6까지의 수를 한 번씩 써넣어 각 변에 놓인 세 수의 합이 모두 삼각형 안의 수가 되도록 만들어 보시오.

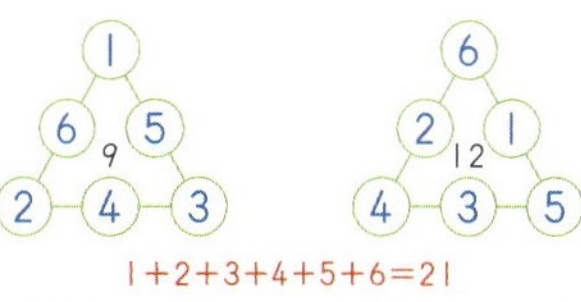

$1+2+3+4+5+6=21$

꼭짓점의 세 수의 합: 꼭짓점의 세 수의 합:
$9\times3-21=6$ $12\times3-21=15$

정답 및 해설 **9**

6 복면산과 벌레 먹은 셈

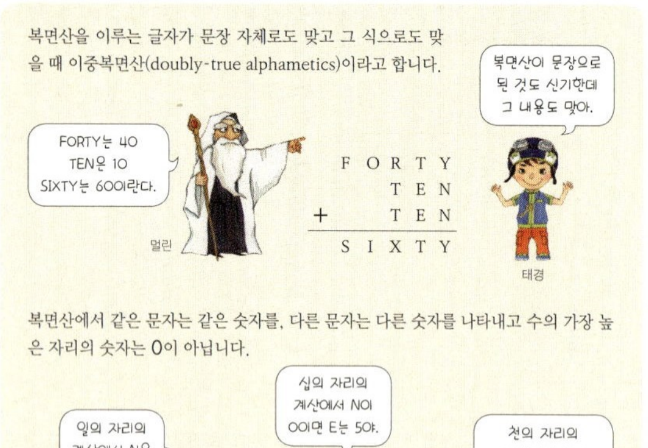

복면산에서 같은 문자는 같은 숫자를, 다른 문자는 다른 숫자를 나타내고 수의 가장 높은 자리의 숫자는 0이 아닙니다.

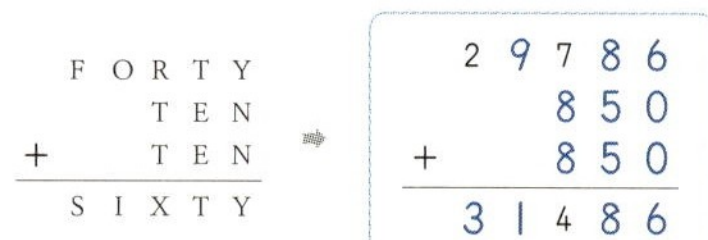

위의 이중복면산에서 F=2, R=7, X=4입니다. 복면산을 풀어 보시오.

$$\begin{array}{r} F\,O\,R\,T\,Y \\ T\,E\,N \\ +\quad T\,E\,N \\ \hline S\,I\,X\,T\,Y \end{array} \Rightarrow \begin{array}{r} 2\,9\,7\,8\,6 \\ 8\,5\,0 \\ +\quad 8\,5\,0 \\ \hline 3\,1\,4\,8\,6 \end{array}$$

N은 5가 아닙니다. N=5이면 십의 자리의 계산에서 E+E+1=10이어야 하는데 이 식을 만족하는 자연수는 없습니다. 따라서 N=0입니다.

다음 복면산을 풀어 보시오.

$$\begin{array}{r} A\,A\,B \\ +\quad B\,B \\ \hline B\,A\,A \end{array} \Rightarrow \begin{array}{r} 8\,8\,9 \\ 9\,9 \\ \hline 9\,8\,8 \end{array} \qquad \begin{array}{r} A\,B \\ B\,B \\ +\quad C\,C \\ \hline A\,B\,C \end{array} \Rightarrow \begin{array}{r} 1\,5 \\ 5\,5 \\ +\quad 8\,8 \\ \hline 1\,5\,8 \end{array}$$

B는 가장 높은 자리의 숫자이므로 0이 될 수 없습니다.
따라서 B=9입니다.

노크 포인트

숫자 대신 문자나 모양으로 나타낸 식을 **복면산**이라고 하며 논리적 사고와 번득이는 재치, 수 감각을 이용하는 퍼즐입니다.
복면산에서 같은 문자는 같은 숫자, 다른 문자는 다른 숫자를 나타내고 하나의 수에서 가장 높은 자리의 숫자는 0이 될 수 없습니다.

$$\begin{array}{r} A\,B\,B \\ -\quad A\,A \\ \hline B\,B\,A \end{array} \quad \begin{array}{l} A=9 \\ B=8 \end{array} \quad \begin{array}{r} 9\,8\,8 \\ -\quad 9\,9 \\ \hline 8\,8\,9 \end{array}$$
(복면산) (원래의 식)

식에서 몇 개의 숫자가 지워져 있을 때 연산의 성질을 이용하여 논리적으로 지워진 숫자를 찾아내는 것을 **벌레 먹은 셈**이라고 합니다.
숫자가 지워져 있는 모습이 벌레가 종이를 먹은 모습과 비슷하다고 하여 붙여진 이름입니다.

곱셈 복면산

다음 곱셈식에서 ㉠, ㉡, ㉢, ㉣, ㉤은 0이 아닌 각각 다른 숫자를 나타냅니다. 각 기호가 나타내는 숫자를 알아봅시다.

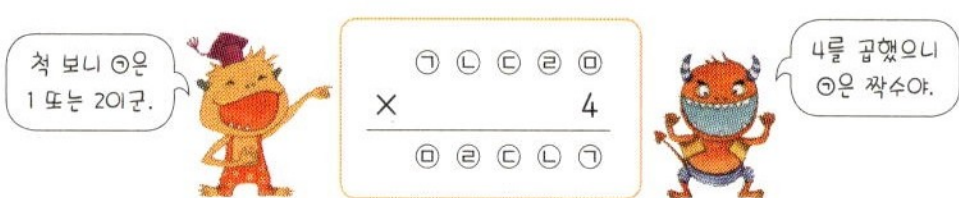

❶ 일의 자리와 만의 자리의 계산을 보고 ㉠이 나타내는 숫자를 구하시오. **2**
일의 자리의 계산에서 ㉤이 짝수임을 알 수 있습니다. 만의 자리의 계산에서 올림이 없으므로 ㉠은 1 또는 2임을 알 수 있습니다. 따라서 ㉠은 2입니다.

만 천 백 십 일
$$\begin{array}{r} ㉠\,㉡\,㉢\,㉣\,㉤ \\ \times\qquad\qquad 4 \\ \hline ㉤\,㉣\,㉢\,㉡\,㉠ \end{array}$$

❷ ❶에서 구한 숫자를 □ 안에 써넣고 ㉤이 나타내는 숫자를 구하시오. **8**

$$\begin{array}{r} \boxed{2}\,㉡\,㉢\,㉣\,㉤ \\ \times\qquad\qquad 4 \\ \hline ㉤\,㉣\,㉢\,㉡\,\boxed{2} \end{array}$$

❸ ❶, ❷에서 구한 숫자를 □ 안에 써넣고 ㉡이 나타내는 숫자를 구하시오. **1**

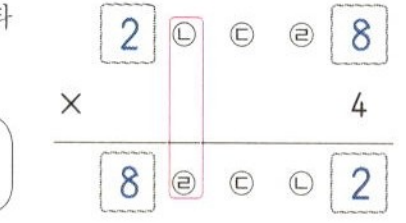

$$\begin{array}{r} \boxed{2}\,㉡\,㉢\,㉣\,\boxed{8} \\ \times\qquad\qquad 4 \\ \hline \boxed{8}\,㉣\,㉢\,㉡\,\boxed{2} \end{array}$$

❹ 위에서 구한 숫자를 이용하여 ㉢과 ㉣이 나타내는 숫자를 구하시오.
㉢=9, ㉣=7

만 천 백 십 일
$$\begin{array}{r} 2\,1\,㉢\,㉣\,8 \\ \times\qquad\qquad 4 \\ \hline 8\,㉣\,㉢\,1\,2 \end{array}$$

[복면산 풀기]

1 같은 문자는 같은 숫자, 다른 문자는 다른 숫자를 나타냅니다. 각 문자가 나타내는 숫자를 구하여 곱셈식을 완성하시오.

$$\begin{array}{r} A\,B\,C\,D \\ \times\qquad 9 \\ \hline D\,C\,B\,A \end{array} \Rightarrow \begin{array}{r} 1\,0\,8\,9 \\ \times\qquad 9 \\ \hline 9\,8\,0\,1 \end{array}$$

① 천의 자리의 계산에서 올림이 없으므로 A=1이고 일의 자리 계산에서 D=9입니다.

② 백의 자리 계산에서 올림이 없으므로 B=0입니다.

③ 백의 자리와 십의 자리의 계산에서 C=8입니다.

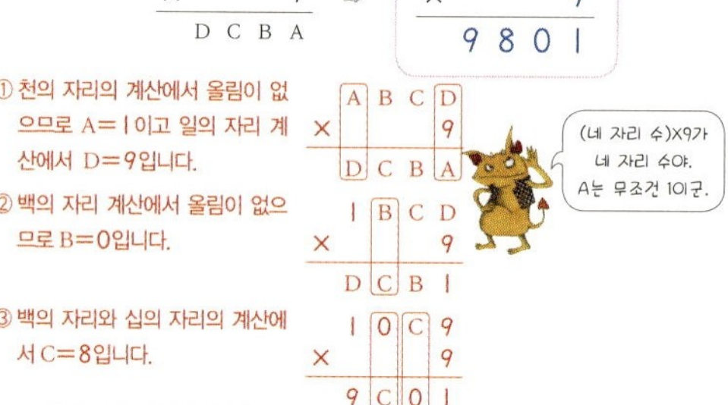

[복면산으로 나타내어 구하기]

2 각 자리의 숫자가 모두 다른 네 자리 수(ABCD)에 4를 곱하였더니 곱해지는 수를 거꾸로 나열한 수(DCBA)가 되었습니다. 곱해지는 수(ABCD)는 얼마입니까?
2178

$$\begin{array}{r} A\,B\,C\,D \\ \times\qquad 4 \\ \hline D\,C\,B\,A \end{array}$$

① 천의 자리의 계산에서 올림이 없으므로 A=1 또는 2입니다. 일의 자리의 계산에서 4의 배수는 짝수이므로 A=2입니다.

$$\begin{array}{r} A\,B\,C\,D \\ \times\qquad 4 \\ \hline D\,C\,B\,A \end{array}$$

② 천의 자리의 계산과 일의 자리의 계산에서 D=8입니다.

$$\begin{array}{r} 2\,B\,C\,D \\ \times\qquad 4 \\ \hline D\,C\,B\,2 \end{array} \rightarrow \begin{array}{r} 2\,1\,7\,8 \\ \times\qquad 4 \\ \hline 8\,7\,1\,2 \end{array}$$

③ 백의 자리의 계산에서 천의 자리로 올림이 없으므로 B=0 또는 1인데 십의 자리의 계산에서 B=1입니다. 따라서 C=7입니다.

$$\begin{array}{r} 2\,B\,C\,8 \\ \times\qquad 4 \\ \hline 8\,C\,B\,2 \end{array}$$

벌레 먹은 셈

❶ 몫의 십의 자리 숫자를 오른쪽 식의 □ 안에 써넣으시오.

$$3\ 7\ )\ 1\ \boxed{0}\ \boxed{7}\ 3 \quad \boxed{2}\ \boxed{9}$$

❷ 37×□=□□입니다. □□ 안에 알맞은 숫자를 써넣으시오.

❸ 37×□의 일의 자리 숫자가 3입니다. □ 안에 알맞은 수를 써넣으시오.

❹ □ 안에 알맞은 수를 써넣어 나눗셈을 완성하시오.

[벌레 먹은 나눗셈]

1 □ 안에 알맞은 숫자를 써넣어 나눗셈식을 완성하시오.

[벌레 먹은 곱셈]

2 □ 안에 알맞은 숫자를 써넣어 곱셈식을 완성하시오.

 창의적 문제해결력

1 각 칸에 수를 써넣어 가로, 세로, 대각선 방향으로 각각 세 수의 합이 48이 되도록 하려고 합니다. 색칠한 칸에 들어갈 수는 무엇입니까?　13

15	②20	③13
14	①16	18
19	12	17

①, ②, ③ 순서로 차례로 구해 봅시다.

2 각 칸에 1, 3, 5, 7, 9, 11, 13, 15, 17을 한 번씩 써넣어 가로, 세로, 대각선 방향으로 각각 세 수의 합이 모두 같게 만들어 보시오.

11	1	15
13	9	5
3	17	7

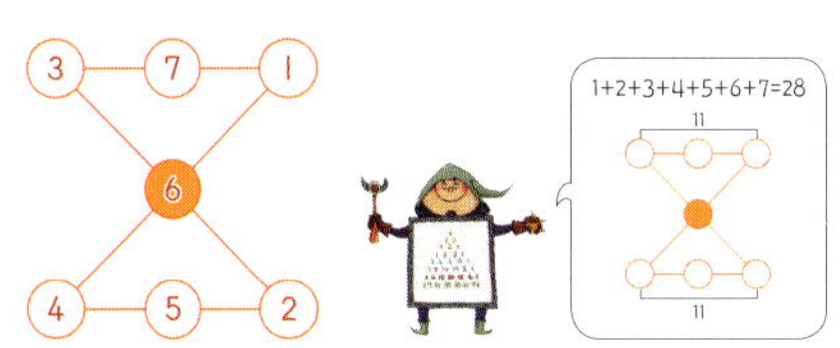

3 1부터 7까지의 수를 한 번씩 써넣어 각 줄에 있는 세 수의 합이 11이 되도록 만들려고 합니다. ● 안에 들어가는 수를 구하시오.　6

모든 수의 합은 28이고, 맨 위의 가로줄의 수와 맨 아래의 가로줄의 수의 합이 11+11=22이므로 색칠한 칸에 들어갈 수는 28-(11+11)=6입니다.

4 다음 식에서 같은 문자는 같은 숫자, 다른 문자는 다른 숫자를 나타냅니다. 복면산을 풀어 보시오.

$$\begin{array}{r} A \\ A\ B \\ A\ B\ C \\ +\ A\ B\ C\ D \\ \hline 3\ 1\ 5\ 7 \end{array} \Rightarrow \begin{array}{r} 2 \\ 2\ 8 \\ 2\ 8\ 4 \\ +\ 2\ 8\ 4\ 3 \\ \hline 3\ 1\ 5\ 7 \end{array}$$

① 천의 자리로 받아올림이 없는 경우 백의 자리 계산의 결과가 3보다 커야 합니다. 백의 자리 계산의 결과가 3보다 작으므로 천의 자리로 받아올림이 있고, 따라서 A=2입니다.

② 백의 자리의 계산에서 B=8 또는 9입니다. B가 어떤 수라도 십의 자리에서 백의 자리로 받아올림이 있으므로 B=8 입니다.

③ 십의 자리로 받아올림이 있으므로 C=4, D=3입니다.

Chapter 3

연속수

7 연속수와 합

대마왕이 수 배열표에서 20개의 수를 색칠한 후, 색칠한 수의 합을 구하려고 합니다.

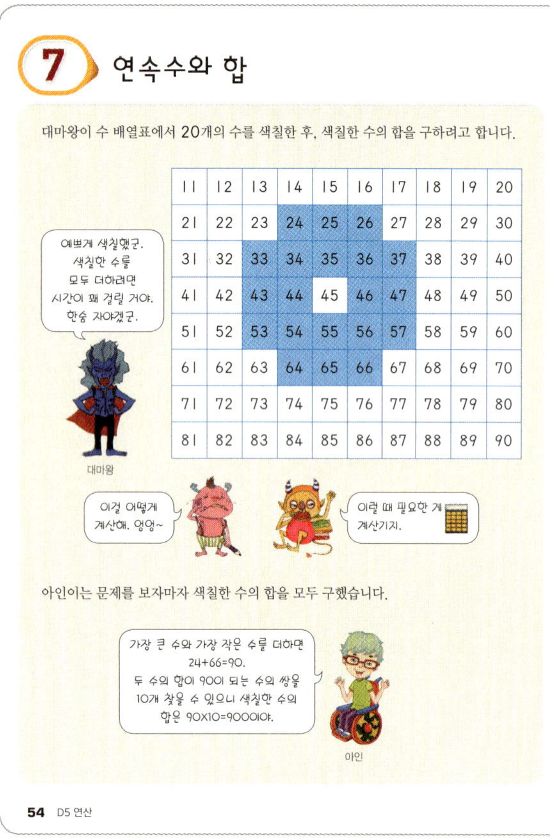

11	12	13	14	15	16	17	18	19	20
21	22	23	24	25	26	27	28	29	30
31	32	33	34	35	36	37	38	39	40
41	42	43	44	45	46	47	48	49	50
51	52	53	54	55	56	57	58	59	60
61	62	63	64	65	66	67	68	69	70
71	72	73	74	75	76	77	78	79	80
81	82	83	84	85	86	87	88	89	90

아인이는 문제를 보자마자 색칠한 수의 합을 모두 구했습니다.

다음 수 배열표에서 같은 색으로 색칠한 수들의 합을 구하시오.

1	2	3	4	5	6	7	8	9	10
11	12	13	14	15	16	17	18	19	20
21	22	23	24	25	26	27	28	29	30
31	32	33	34	35	36	37	38	39	40
41	42	43	44	45	46	47	48	49	50
51	52	53	54	55	56	57	58	59	60
61	62	63	64	65	66	67	68	69	70

초록색: 330　　파란색: 693

노크 포인트

1, 2, 3……과 같이 연속된 수를 연속수라고 합니다.
1, 3, 5……와 같이 홀수가 연속되어 있으면 연속홀수, 2, 4, 6……와 같이 짝수가 연속되어 있으면 연속짝수라고 합니다.
연속수가 홀수 개이면 연속수의 합은 (중간수)×(연속수의 개수)로 구할 수 있습니다.
예를 들어, 연속수가 2, 3, 4, 5, 6, 7, 8이면 중간수는 5, 연속수의 개수는 7개이므로 연속수의 합은 5×7=35입니다.
연속수가 짝수 개이면 연속수의 합은 (중간 두 수의 합)×(연속수의 개수)÷2로 구할 수 있습니다.
예를 들어, 연속수가 2, 3, 4, 5, 6, 7, 8, 9이면 연속수의 합은 (5+6)×8÷2=44입니다.

연속수의 합

1, 2, 3, 4……와 같이 연속된 수를 연속수라고 합니다. 다음 연속수의 합을 구해 봅시다.

❶ 첫수가 9, 연속수가 9개인 연속수를 쓴 것입니다.

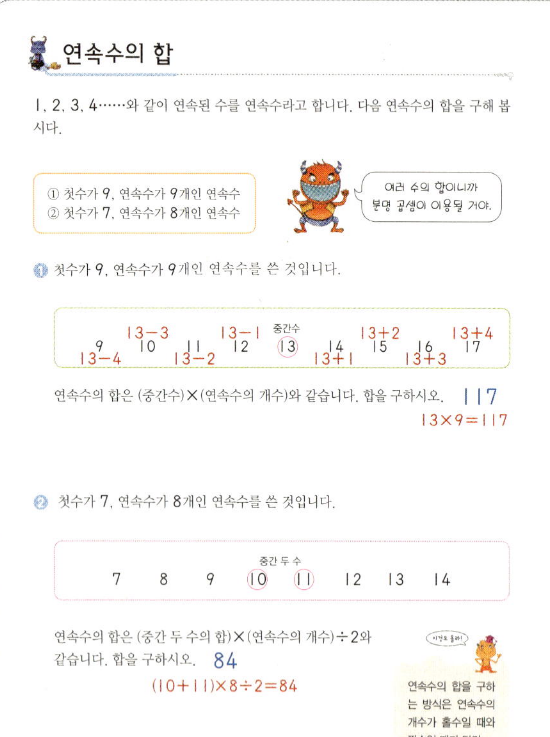

$$9 \quad 10 \quad 11 \quad 12 \quad 13 \quad 14 \quad 15 \quad 16 \quad 17$$

연속수의 합은 (중간수)×(연속수의 개수)와 같습니다. 합을 구하시오. **117**

$$13×9=117$$

❷ 첫수가 7, 연속수가 8개인 연속수를 쓴 것입니다.

중간 두 수

7	8	9	10	11	12	13	14

연속수의 합은 (중간 두 수의 합)×(연속수의 개수)÷2와 같습니다. 합을 구하시오. **84**

$$(10+11)×8÷2=84$$

[연속수의 합 구하기]

1 다음 연속수의 합을 구하시오.

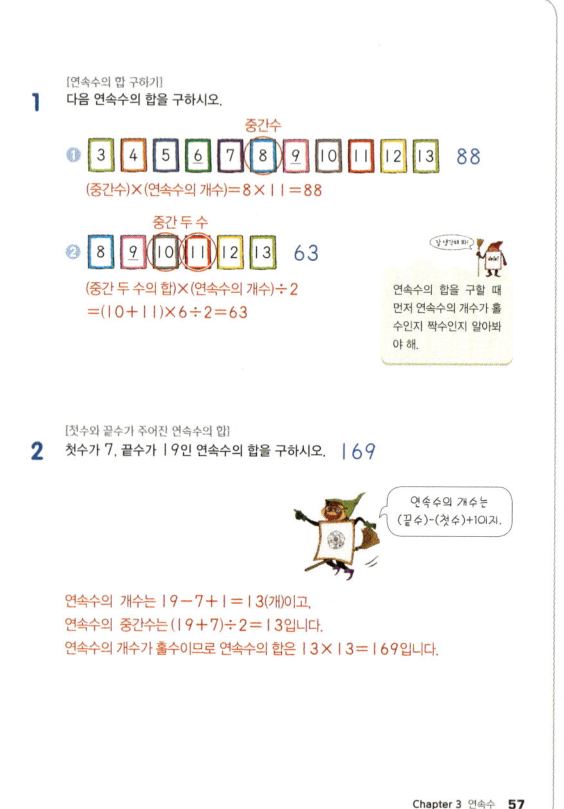

중간수

❶ 3　4　5　6　7　8　9　10　11　12　13　　**88**

(중간수)×(연속수의 개수)=8×11=88

중간 두 수

❷ 8　9　10　11　12　13　　**63**

(중간 두 수의 합)×(연속수의 개수)÷2
=(10+11)×6÷2=63

[첫수와 끝수가 주어진 연속수의 합]

2 첫수가 7, 끝수가 19인 연속수의 합을 구하시오. **169**

연속수의 개수는 19−7+1=13(개)이고,
연속수의 중간수는 (19+7)÷2=13입니다.
연속수의 개수가 홀수이므로 연속수의 합은 13×13=169입니다.

12　D5 연산

연속수의 첫수와 끝수

연속수 8개의 합이 60입니다. 이 연속수의 첫수와 끝수를 알아봅시다.

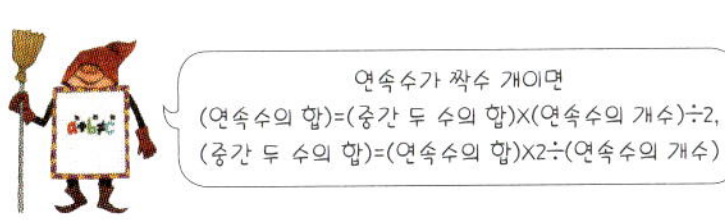

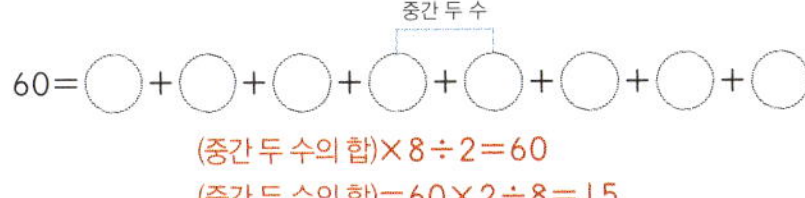

❶ 연속수 8개의 합이 60입니다. 중간 두 수의 합은 얼마입니까? **15**

중간 두 수

$$60 = \bigcirc + \bigcirc + \bigcirc + \bigcirc + \bigcirc + \bigcirc + \bigcirc + \bigcirc$$

(중간 두 수의 합)×8÷2=60
(중간 두 수의 합)=60×2÷8=15

❷ 연속수의 합으로 나타내시오.

$$60 = \boxed{4} + \boxed{5} + \boxed{6} + \boxed{7} + \boxed{8} + \boxed{9} + \boxed{10} + \boxed{11}$$

❸ ❷에서 구한 연속수의 첫수와 끝수를 각각 쓰시오. **4, 11**

[연속수의 합으로 나타내기]

1 다음은 54를 두 가지 방법으로 연속수의 합으로 나타낸 것입니다. ☐ 안에 알맞은 수를 써넣으시오.

$$54 = \boxed{12} + \boxed{13} + \boxed{14} + \boxed{15}$$

중간 두 수의 합은 54×2÷4=27 이므로 중간 두 수는 13, 14입니다.

$$54 = \boxed{2} + \boxed{3} + \boxed{4} + \boxed{5} + \boxed{6} + \boxed{7} + \boxed{8} + \boxed{9} + \boxed{10}$$

중간수는 54÷9=6입니다.

[연속수의 첫수와 끝수]

2 연속수 7개의 합이 112입니다. 이 연속수의 첫수와 끝수를 각각 구하시오. **13, 19**

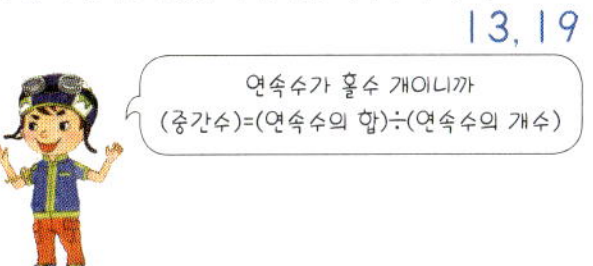

중간수는 112÷7=16이므로 연속수는 13, 14, 15, 16, 17, 18, 19입니다.
따라서 첫수는 13, 끝수는 19입니다.

---

8 연속수의 합

대마왕이 75를 가능한 한 많은 연속수의 합으로 나타내려고 합니다.

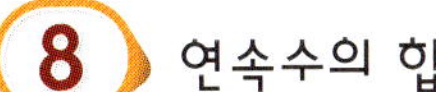

아인이의 방법으로 75를 연속수의 합으로 나타내어 보시오.

$$75 = \boxed{3} + \boxed{4} + \boxed{5} + \boxed{6} + \boxed{7} + \boxed{8} + \boxed{9} + \boxed{10} + \boxed{11} + \boxed{12}$$

중간 두 수의 합이 75×2÷10=15입니다.

🔵 다음은 어떤 수를 같은 수의 합 또는 연속한 두 수의 합으로 나타낸 것입니다. 어떤 수를 연속수의 합으로 나타내어 보시오.

$$15 = 5+5+5 = \boxed{4} + \boxed{5} + \boxed{6}$$

$$20 = 4+4+4+4+4 = \boxed{2} + \boxed{3} + \boxed{4} + \boxed{5} + \boxed{6}$$

$$18 = 4+4+5+5 = \boxed{3} + \boxed{4} + \boxed{5} + \boxed{6}$$

$$21 = 3+3+3+4+4+4 = \boxed{1} + \boxed{2} + \boxed{3} + \boxed{4} + \boxed{5} + \boxed{6}$$

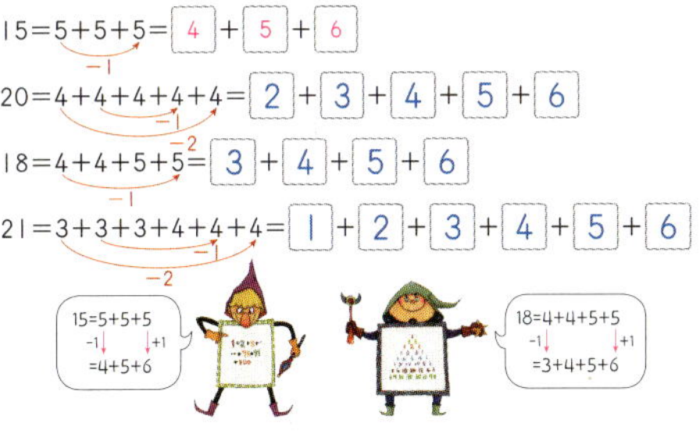

노크 포인트

27은 3가지 방법으로 연속수의 합으로 나타낼 수 있습니다.

$$27=13+14 \qquad 27=8+9+10 \qquad 27=2+3+4+5+6+7$$

이 중 6개의 연속수를 사용한 식이 가장 많은 연속수의 합으로 나타낸 것입니다.

어떤 수를 홀수 개의 연속수의 합으로 나타내려면 어떤 수를 두 수의 곱으로 나타낸 후 한 수는 중간수, 다른 수는 연속수의 개수라 생각하여 구합니다.

$$35 = 5 \times 7 \begin{cases} ① \text{ 중간수 5. 연속수의 개수 7} \to 35=2+3+4+5+6+7+8 \\ ② \text{ 중간수 7. 연속수의 개수 5} \to 35=5+6+7+8+9 \end{cases}$$

어떤 수를 짝수 개의 연속수의 합으로 나타내려면 어떤 수를 똑같은 홀수의 합으로 나타낸 후 수끼리 더하고 빼서 구합니다.

$$27 = 9+9+9 = (4+5)+(4+5)+(4+5)$$
$$= 4+4+4+5+5+5 = 2+3+4+5+6+7$$

짝수 개의 연속수의 합

다음은 45를 짝수 개의 연속수의 합으로 나타내는 과정입니다. 같은 방법으로 52를 짝수 개의 연속수의 합으로 나타내어 봅시다.

$$45=15+15+15$$
$$=(7+8)+(7+8)+(7+8)$$
$$=7+7+7+8+8+8$$
$$=5+6+7+8+9+10$$

❶ 52를 똑같은 홀수의 합으로 나타내시오.

$$52=\boxed{13}+\boxed{13}+\boxed{13}+\boxed{13}$$

❷ ❶에서 구한 홀수를 연속된 두 수의 합으로 나타내시오.

$$52=\boxed{6}+\boxed{7}+\boxed{6}+\boxed{7}+\boxed{6}+\boxed{7}+\boxed{6}+\boxed{7}$$
$$6+7=13$$

❸ 52를 짝수 개의 연속수의 합으로 나타내시오.

$$52=3+4+5+6+7+8+9+10$$
$$52=6+7+6+7+6+7+6+7$$
$$=6+6+6+6+7+7+7+7=3+4+5+6+7+8+9+10$$

---

1 [연속수의 합]
63은 31+32와 같이 짝수 개인 연속수의 합으로 나타낼 수 있습니다. 다른 방법으로 63을 연속수 6개의 합으로 나타내시오.

$$63=\boxed{8}+\boxed{9}+\boxed{10}+\boxed{11}+\boxed{12}+\boxed{13}$$

$$63=3×21$$
$$=21+21+21$$
$$=(10+11)+(10+11)+(10+11)$$
$$=10+10+10+11+11+11$$
$$=8+9+10+11+12+13$$

2 [여러 가지 연속수의 합]
57을 서로 다른 2가지 방법으로 짝수 개의 연속수의 합으로 나타내시오.

$$57=\boxed{28}+\boxed{29}$$
$$57=\boxed{7}+\boxed{8}+\boxed{9}+\boxed{10}+\boxed{11}+\boxed{12}$$

$$57=3×19$$
$$=19+19+19$$
$$=(9+10)+(9+10)+(9+10)$$
$$=9+9+9+10+10+10$$
$$=7+8+9+10+11+12$$

연속수의 합으로 나타내기

60을 연속수의 합으로 나타내어 봅시다. 모두 몇 가지 방법이 있습니까?

❶ 다음은 60을 1이 아닌 두 수의 곱으로 나타낸 것입니다. 두 가지 방법으로 60을 홀수 개인 연속수의 합으로 나타내시오.

$$60=2×30$$
$$=3×20$$
$$=4×15$$
$$=5×12$$
$$=6×10$$

$$60=19+20+21$$
$$60=10+11+12+13+14$$

❷ 60을 짝수 개의 연속수의 합으로 나타내시오.

$$60=4+5+6+7+8+9+10+11$$

$$60=15+15+15+15$$
$$=7+7+7+7+8+8+8+8$$
$$=4+5+6+7+8+9+10+11$$

❸ 모두 몇 가지 방법이 있습니까? 3가지

---

1 [35를 3가지 방법으로 연속수의 합으로 나타내기]
35를 서로 다른 세 가지 방법으로 연속수의 합으로 나타내시오.

$$35=17+18$$
$$35=5+6+7+8+9 \quad (중간수 7, 연속수의 개수 5)$$
$$35=2+3+4+5+6+7+8$$
$$(중간수 5, 연속수의 개수 7)$$

2 [90을 5가지 방법으로 연속수의 합으로 나타내기]
90을 서로 다른 5가지 방법으로 연속수의 합으로 나타내시오.

$$90=29+30+31$$
$$90=21+22+23+24$$
$$90=16+17+18+19+20$$
$$90=6+7+8+9+10+11+12+13+14$$
$$90=2+3+4+5+6+7+8+9+10+11+12+13$$

$$90=2×45 → 중간 두 수의 합 45, 수의 쌍 2$$
$$=3×30 → 중간 수 30, 수의 개수 3$$
$$=5×18 → 중간 수 18, 수의 개수 5$$
$$=6×15 → 중간 두 수의 합 15, 수의 쌍 6$$
$$=9×10 → 중간 수 10, 수의 개수 9$$

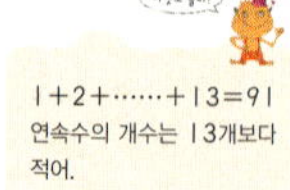

---

14 D5 연산

9 카프리카 수, 팔린드롬 수

66 67

태경이가 495를 특별한 수라고 합니다.

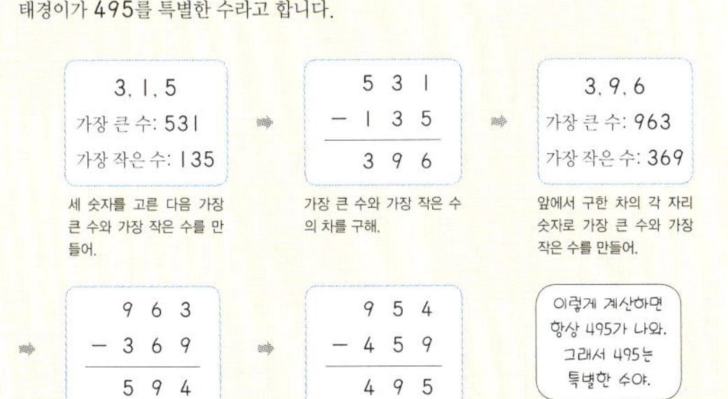

3, 1, 5
가장 큰 수: 531
가장 작은 수: 135

세 숫자를 고른 다음 가장 큰 수와 가장 작은 수를 만들어.

➡

$$531 - 135 = 396$$

가장 큰 수와 가장 작은 수의 차를 구해.

➡

3, 9, 6
가장 큰 수: 963
가장 작은 수: 369

앞에서 구한 차의 각 자리 숫자로 가장 큰 수와 가장 작은 수를 만들어.

➡

$$963 - 369 = 594$$

가장 큰 수와 가장 작은 수의 차를 구해.

➡

$$954 - 459 = 495$$

같은 방법으로 계속 차를 구해.

이렇게 계산하면 항상 495가 나와. 그래서 495는 특별한 수야. — 태경

위와 같은 방법으로 세 숫자 4, 5, 7로 495를 만들어 보시오.

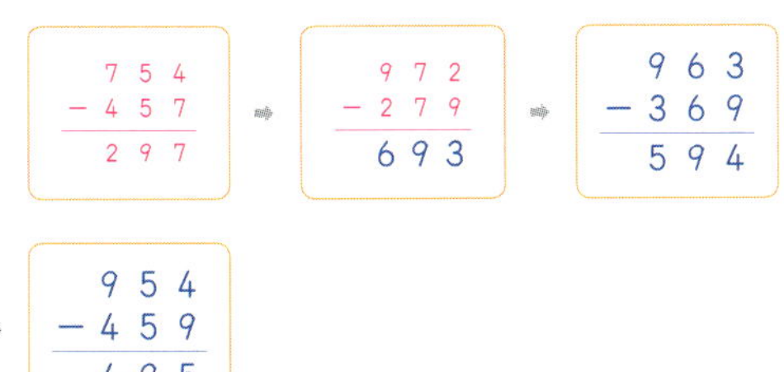

$$754 - 457 = 297$$
➡
$$972 - 279 = 693$$
➡
$$963 - 369 = 594$$
➡
$$954 - 459 = 495$$

⊙ 울보 요괴가 2, 3, 5, 7로 네 자리 수를 만들어 태경이와 같은 방법으로 계산을 하고 있습니다. 더 계산을 하여 특별한 네 자리 수를 구해 보시오. **6174**

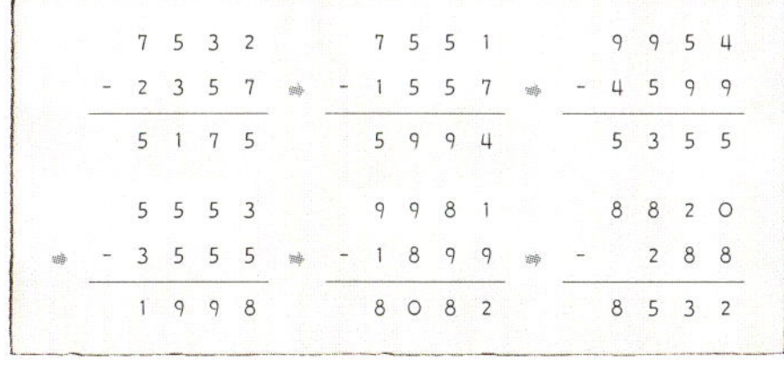

$7532 - 2357 = 5175$	$7551 - 1557 = 5994$	$9954 - 4599 = 5355$
$5553 - 3555 = 1998$	$9981 - 1899 = 8082$	$8820 - 288 = 8532$

$$8532 - 2358 = 6174 \rightarrow 7641 - 1467 = 6174 \rightarrow \cdots\cdots$$

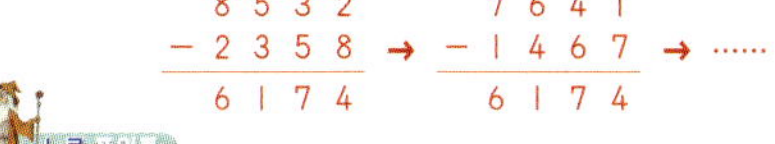

노크 포인트

수를 두 부분으로 나누어 합을 구한 다음 그 합끼리의 곱이 원래 수와 같은 수를 **카프리카 수**라고 합니다.
$$3025 \rightarrow 30+25=55 \rightarrow 55×55=3025$$

505, 3113과 같이 앞으로 읽어도, 뒤로 읽어도 같은 수를 **팔린드롬 수**라고 합니다. 팔린드롬 수가 아닌 수에 거꾸로 읽은 수를 더해 나가면 대부분의 경우 팔린드롬 수가 만들어집니다.
$$74 \rightarrow 74+47=\underline{121}$$
팔린드롬 수
$$57 \rightarrow 57+75=132 \rightarrow 132+231=\underline{363}$$
팔린드롬 수

🛡 카프리카 수

68 69

인도의 수학자인 카프리카는 여행하는 중에 3025라고 적힌 이정표가 쓰러져 쪼개진 것을 발견했습니다. 카프리카는 이 이정표를 보고 '카프리카 수'를 만들었습니다.
어떤 수를 두 부분으로 나누어 더한 다음, 그 값끼리 곱한 계산 결과가 원래 수와 같을 때 그 수를 카프리카 수라고 합니다.

$$3025 \rightarrow 30, 25$$
➡
$$30+25=55$$
➡
$$55×55=3025$$

3025를 두 부분으로 나누면 30과 25

두 부분으로 나눈 수의 합을 구해.

합끼리 곱해.

다음 세 수는 모두 네 자리 카프리카 수입니다. 3025와 같은 방법으로 2025, 9801이 카프리카 수임을 확인하시오.

3025 2025 9801

3025	$30+25=55 \rightarrow 55×55=3025$
2025	$20+25=45 \rightarrow 45×45=2025$
9801	$98+1=99 \rightarrow 99×99=9801$

[두 자리 카프리카 수]

1 다음 두 자리 수 중에서 카프리카 수를 찾아 ○표 하시오.

25 44 ⑧① 64 99

$$44 \rightarrow 4+4=8 \rightarrow 8×8=64\,(×)$$
$$81 \rightarrow 8+1=9 \rightarrow 9×9=81\,(○)$$
$$64 \rightarrow 6+4=10 \rightarrow 10×10=100\,(×)$$
$$99 \rightarrow 9+9=18 \rightarrow 18×18=324\,(×)$$

[여섯 자리 카프리카 수]

2 팻말에 적힌 수가 카프리카 수인지 계산하여 확인하여 보시오.

$$998+1=999$$
$$999×999=998001$$
처음 수와 같으므로 카프리카 수입니다.

정답 및 해설 **15**

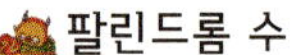 팔린드롬 수

373, 777과 같이 앞으로 읽어도, 뒤로 읽어도 같은 수가 되는 수를 팔린드롬 수라고 합니다. 팔린드롬 수가 아닌 수라도 그 수를 거꾸로 쓴 수와 더해 나가면 팔린드롬 수가 될 수 있습니다.

$$74 \rightarrow 74+47=\boxed{121} \qquad \leftarrow 1단계 \ 팔린드롬 \ 수$$
$$58 \rightarrow 58+85=143 \qquad \leftarrow 2단계 \ 팔린드롬 \ 수$$
$$143+341=\boxed{484}$$
$$249 \rightarrow 249+942=1191 \qquad \leftarrow 3단계 \ 팔린드롬 \ 수$$
$$1191+1911=3102$$
$$3102+2013=\boxed{5115}$$

위와 같은 방법으로 다음 수는 몇 단계 팔린드롬 수인지 알아보시오.

56	39	165

1단계 팔린드롬 수
$$56 \rightarrow 56+65=121$$

2단계 팔린드롬 수
$$39 \rightarrow 39+93=132$$
$$132+231=363$$

3단계 팔린드롬 수
$$165 \rightarrow 165+561=726$$
$$726+627=1353$$
$$1353+3531=4884$$

[팔린드롬 수 찾기]

1 백의 자리 숫자가 5인 세 자리 팔린드롬 수는 모두 10개 있습니다. 모두 구해 보시오.
$$505, 515, 525, 535, 545, 555, 565, 575, 585, 595$$

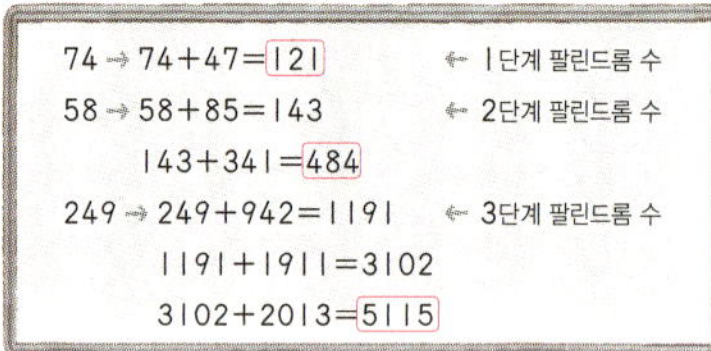

[팔린드롬 수 만들기]

2 주어진 수를 거꾸로 쓴 수와 더하는 방법으로 팔린드롬 수를 만들어 보고, 몇 단계 팔린드롬 수인지 □ 안에 알맞은 수를 써넣으시오.

❶ 156 → 3 단계 팔린드롬 수

```
   156
 + 651
   807
    ↓
   807
 + 708
  1515
   ↓
  1515
 + 5151
  6666
```

❷ 78 → 4 단계 팔린드롬 수

```
    78
  + 87
   165
    ↓
   165
 + 561
   726
    ↓
   726
 + 627
  1353
   ↓
  1353
 + 3531
  4884
```

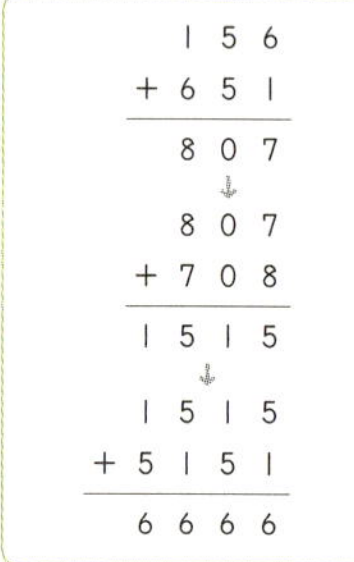 창의적 문제해결력

1 1, 3, 5, 7, 9……와 같이 홀수가 연속되어 있으면 연속홀수라고 합니다. 첫수가 7이고 연속수의 개수가 10개인 연속홀수의 합은 얼마입니까? 160

첫수: 7   끝수: 7+2×9=25
연속홀수의 합: (7+25)×10÷2=160

2 □안에 알맞은 수를 써넣어 45를 연속수의 합으로 나타내시오.

$$45 = \boxed{22} + \boxed{23}$$
$$45 = \boxed{14} + \boxed{15} + \boxed{16}$$
$$45 = \boxed{7} + \boxed{8} + \boxed{9} + \boxed{10} + \boxed{11}$$
$$45 = \boxed{5} + \boxed{6} + \boxed{7} + \boxed{8} + \boxed{9} + \boxed{10}$$
$$45 = \boxed{1} + \boxed{2} + \boxed{3} + \boxed{4} + \boxed{5} + \boxed{6} + \boxed{7} + \boxed{8} + \boxed{9}$$

---

3 42를 가장 많은 연속수의 합으로 나타내시오.
$$42=3+4+5+6+7+8+9$$

$$42=13+14+15$$
$$=9+10+11+12$$
$$=3+4+5+6+7+8+9$$

4 다음 수 중에서 3단계 팔린드롬 수를 찾아 ○표 하시오.

38	251	(462)	341

38: 1단계 팔린드롬 수
```
   38
 + 83
  121
```

251: 2단계 팔린드롬 수
```
   251
 + 152
   403
    ↓
   403
 + 304
   707
```

462: 3단계 팔린드롬 수
```
   462
 + 264
   726
    ↓
   726
 + 627
  1353
   ↓
  1353
 + 3531
  4884
```

341: 1단계 팔린드롬 수
```
   341
 + 143
   484
```

Chapter 4

여러 가지 연산

10 숫자 카드 연산

꼬마 요괴들이 숫자 카드 연산 게임을 합니다.
1부터 9까지의 숫자 카드 중 각자 서로 다른
숫자 카드 4장을 한 번씩만 사용하여 네 자리
수를 만들었습니다. 만든 네 자리 수 중 가장
큰 수와 가장 작은 수의 차가 가장 큰 사람이
이깁니다.

다음 표의 빈칸에 알맞은 수를 쓰고, 게임에서 이긴 요괴의 이름을 쓰시오. **멍하니 요괴**

숫자 카드	6 7 8 9	1 2 3 4	1 2 8 9
가장 큰 수	9876	4321	9821
가장 작은 수	6789	1234	1289
두 수의 차	3087	3087	8532

꼬마 요괴들이 다시 카드를 4장씩 뽑아 한 번씩 사용하여 네 자리 수를 만들었습니다.
만든 네 자리 수 중 가장 큰 네 자리 수와 가장 작은 네 자리 수의 합을 구합니다. 이때,
가장 큰 합을 만들 수 있는 요괴는 누구입니까? **멍하니 요괴**

$$\begin{array}{r} 9821 \\ +1289 \\ \hline 11110 \end{array} \qquad \begin{array}{r} 7654 \\ +4567 \\ \hline 12221 \end{array} \qquad \begin{array}{r} 9876 \\ +6789 \\ \hline 16665 \end{array}$$

도전 포인트

숫자 카드로 만들 수 있는 수의 개수는 각 자리에 들어갈 수 있는 숫자의 개수를 곱하여 구할 수 있습니다. 1, 2, 7을 한 번씩 사용하여 만들 수 있는 세 자리 수의 개수는 다음과 같습니다.

백 십 일 세자리수
→ 127
→ 172
→ 217
→ 271
→ 712
→ 721

⇒ $3 \times 2 \times 1 = 6$(개)

숫자 카드를 사용하여 만들 수 있는 모든 세 자리 수의 합은 각 자리별로 나누어 수의 합을 구할 수 있습니다. 1, 2, 7을 한 번씩 사용하여 만들 수 있는 모든 세 자리 수의 합은 1, 2, 7이 각 자리에 두 번씩 들어가므로

(일의 자리 수의 합)=$(1+2+7) \times 2=20$
(십의 자리 수의 합)=$(1+2+7) \times 2 \times 10=200$
(백의 자리 수의 합)=$(1+2+7) \times 2 \times 100=2000$
→ (모든 수의 합)=$20+200+2000=2220$

숫자 카드로 만든 수의 합

오른쪽 4장의 숫자 카드를 한 번씩 사용하여 만들 수 있는 모든
네 자리 수의 합을 알아봅시다. 1 2 3 4

❶ 만들 수 있는 네 자리 수는 24개이고, 일의 자리에 1, 2, 3, 4가 같은 개수만큼 쓰였으므로 6개씩 쓰인 것입니다. 다음 식을 완성하여 일의 자리 수의 합을 구하시오.

$$(1+2+3+4) \times \boxed{6} = \boxed{60}$$

❷ ❶과 같은 방법으로 십, 백, 천의 자리 수의 합을 구해 보시오.

- 십의 자리 수의 합: $(1+2+3+4) \times \boxed{6} \times 10 = \boxed{600}$
- 백의 자리 수의 합: $(1+2+3+4) \times \boxed{6} \times \boxed{100} = \boxed{6000}$
- 천의 자리 수의 합: $(1+2+3+4) \times \boxed{6} \times \boxed{1000} = \boxed{60000}$

❸ 만들 수 있는 모든 네 자리 수의 합을 구하시오.

$$60 + \boxed{600} + \boxed{6000} + \boxed{60000} = \boxed{66660}$$

[네 자리 수의 개수]

1 다음 숫자 카드를 한 번씩 사용하여 만들 수 있는 네 자리 수는 모두 몇 개입니까? **18개**

 4 0 1 7

천 백 십 일
$3 \times 3 \times 2 \times 1 = 18$(개)

[만들 수 있는 모든 수의 합]

2 다음 4장의 숫자 카드를 한 번씩 사용하여 만들 수 있는 모든 네 자리 수의 합은 얼마입니까? **179982**

 5 7 6 9

- 일의 자리 수의 합: $(5+6+7+9) \times 6 = 162$
- 십의 자리 수의 합: $(5+6+7+9) \times 6 \times 10 = 1620$
- 백의 자리 수의 합: $(5+6+7+9) \times 6 \times 100 = 16200$
- 천의 자리 수의 합: $(5+6+7+9) \times 6 \times 1000 = 162000$
- → $162 + 1620 + 16200 + 162000 = 179982$

정답 및 해설 **17**

가장 큰 수, 가장 작은 수

1부터 9까지 숫자 중에서 서로 다른 숫자가 적힌 5장의 숫자 카드가 있습니다. 이 중 4장을 뽑아 한 번씩 사용하여 네 자리 수를 만들려고 합니다. 만든 가장 큰 네 자리 수와 가장 작은 네 자리 수의 합이 10009라고 할 때 뒤집힌 카드에 쓰여 있는 수를 알아봅시다.

❶ 뒤집힌 카드에 쓰여 있는 수가 7보다 크다고 할 때 가장 큰 수는 ■763이고 가장 작은 수는 2367입니다. 따라서 만든 두 수의 합이 10009가 될 수 없습니다.

$$\begin{array}{r} ■763 \\ +\ 2367 \\ \hline ??130 \end{array}$$

■가 2보다 작은 1이라 할 때 만들 수 있는 가장 큰 네 자리 수와 가장 작은 네 자리 수를 차례로 쓰고, 만든 두 수의 합이 10009가 될 수 있는지 알아보시오.

가장 큰 수: 7632, 가장 작은 수: 1236, 될 수 없습니다.

7632와 □236의 합을 구하면 일의 자리 숫자가 8이므로 10009가 될 수 없습니다.

❷ ■가 3보다 크고 6보다 작다고 할 때, 만들 수 있는 가장 큰 네 자리 수와 가장 작은 네 자리 수를 차례로 쓰시오.

가장 큰 수: 76■3, 가장 작은 수: 23■6

❸ ❷에서 구한 두 수의 합이 10009인 경우를 찾아 뒤집힌 카드에 쓰여 있는 수를 구하시오. 5

$$\begin{array}{r} 76\boxed{5}3 \\ +\ 23\boxed{5}6 \\ \hline 10009 \end{array}$$

$$\begin{array}{r} 76■3 \\ +\ 23■6 \\ \hline 10009 \end{array}$$

[가장 큰 수와 가장 작은 수의 합]

1 다음 숫자 카드를 한 번씩 모두 사용하여 네 자리 수를 만들려고 합니다. 만든 가장 큰 네 자리 수와 가장 작은 네 자리 수의 합을 구하시오. 10459

가장 큰 수: 9410, 가장 작은 수: 1049

9410+1049=10459

[뒤집힌 카드]

2 1부터 9까지의 숫자 중에서 서로 다른 숫자가 적힌 5장의 숫자 카드가 있습니다. 이 중 4장을 뽑아 한 번씩 사용하여 네 자리 수를 만들려고 합니다. 만든 가장 큰 네 자리 수와 가장 작은 네 자리 수의 합이 13110일 때 뒤집힌 카드에 쓰여 있는 수를 구하시오. 9

□>6인 경우

가장 큰 수: □654, 가장 작은 수: 3456

$$\begin{array}{r} \boxed{9}654 \\ +\ 3456 \\ \hline 13110 \end{array}$$

---

⑪ 패턴 곱셈

곱셈을 어려워하는 지오가 대마법사 멀린에게 질문을 합니다.

어떤 짝수에 ×5를 할 때는 어떤 짝수의 절반에 10을 곱해.

$$48×5=24×10=240$$

어떤 수에 ×4를 할 때는 어떤 수를 2배씩 해서 더해.

$$42×4=84+84=168$$

어떤 짝수에 ×15를 할 때는 어떤 수와 어떤 수의 절반의 합에 10을 곱해.

$$42×15=(42+21)×10=630$$

어떤 수에 ×9를 할 때는 어떤 수를 10배 한 후 어떤 수를 빼.

$$78×9=780−78=702$$

복잡한 두 수의 곱을 10, 100이 되는 곱셈을 이용하여 간단히 할 수도 있어.

$$35×16=560 \qquad 24×75=1800$$

🕐 곱이 10, 100, 1000이 되는 곱셈식을 이용하여 간단히 계산하시오.

$$2×5=10 \qquad 4×25=100 \qquad 8×125=1000$$

- $24×25=$ **600**   ($6×4$, 100)
- $32×125=$ **4000**   ($4×8$, 1000)
- $15×18=$ **270**   ($3×5×2×9$, 10, 27)
- $75×36=$ **2700**   ($3×25×4×9$, 100, 27)

노크 포인트

특정한 패턴의 곱셈은 규칙을 알면 곱을 쉽게 구할 수 있습니다.
어떤 수와 9, 99, 999, 9999……의 곱은 곱을 9의 개수만큼 나누어
앞부분은 (어떤 수)−1, 뒷부분은 (곱하는 수)−(앞부분)입니다.

$$85×99=8415 \qquad (85−1,\ 99−84)$$
$$724×999=723276 \qquad (724−1,\ 999−723)$$

십의 자리 숫자가 같고 일의 자리 숫자의 합이 10인 두 자리 수의 곱셈

$$\begin{array}{r} 38 \\ ×\ 32 \\ \hline 1216 \end{array} \qquad \begin{array}{r} 75 \\ ×\ 75 \\ \hline 5625 \end{array}$$

($3×(3+1)$, $8×2$) ($7×(7+1)$, $5×5$)

일의 자리 숫자가 같고 십의 자리 숫자의 합이 10인 두 자리 수의 곱셈

$$\begin{array}{r} 54 \\ ×\ 54 \\ \hline 2916 \end{array} \qquad \begin{array}{r} 46 \\ ×\ 66 \\ \hline 3036 \end{array}$$

($5×5+4$, $4×4$) ($4×6+6$, $6×6$)

어떤 수와 9로 된 수의 곱

다음은 어떤 수와 9, 99, 999……의 곱을 구한 것입니다. 규칙을 찾아 주어진 곱셈을 간단히 계산해 봅시다.

$$3 \times 9 = 27$$
$$24 \times 99 = 2376$$
$$712 \times 999 = 711288$$
$$3212 \times 9999 = 32116788$$
$$12342 \times 99999 = 1234187658$$

❶ 곱을 오른쪽과 같이 두 부분으로 나누었습니다. 색칠한 앞부분의 수는 어떤 규칙이 있습니까? **곱해지는 수보다 1 작습니다.**

$3 \times 9 =$ | 2 | 7
$24 \times 99 =$ | 23 | 76
$712 \times 999 =$ | 711 | 288

❷ 곱을 두 부분으로 나누어 합을 구하시오. 어떤 규칙이 있습니까?
곱을 두 부분으로 나눈 수의 합은 곱하는 수와 같습니다.

$$3 \times 9 = [2 \mid 7] \to 2+7 = 9$$
$$24 \times 99 = [23 \mid 76] \to 23+76 = 99$$
$$712 \times 999 = [711 \mid 288] \to 711+288 = 999$$

❸ 규칙을 찾아 다음 곱셈을 간단히 계산하여 보시오.

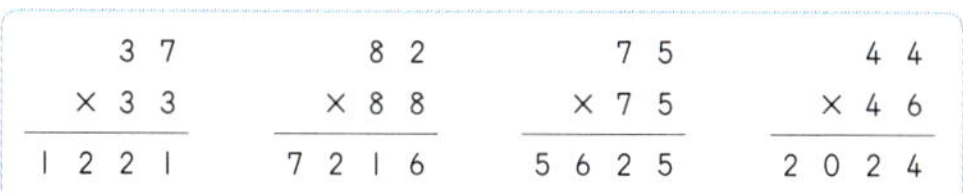
$$23 \times 99 = 2277$$
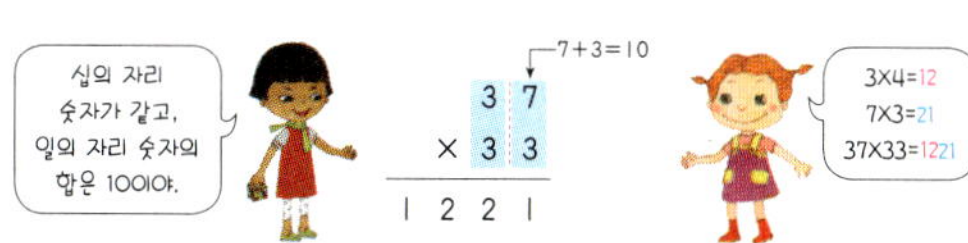
$$889 \times 999 = 888111$$

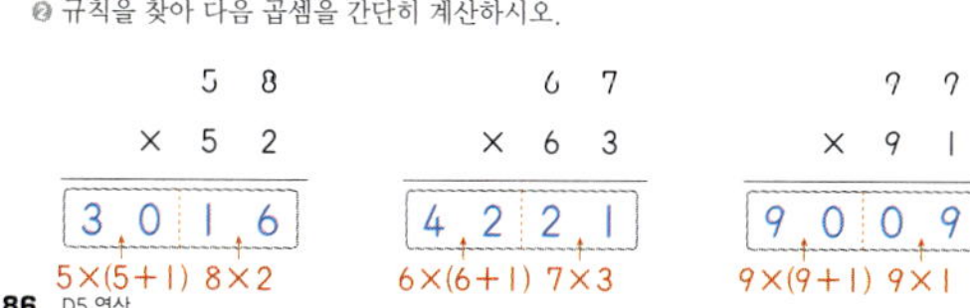
$$23 \times 99 = 2277 \qquad 889 \times 999 = 888111$$
$$23-1 \quad 99-22 \qquad 889-1 \quad 999-888$$

[1로 된 수의 곱]

1 규칙을 찾아 □ 안에 알맞은 수를 써넣으시오.

$$1 \times 1 = 1$$
$$11 \times 11 = 121$$
$$111 \times 111 = 12321$$
$$1111 \times 1111 = 1234321$$
$$11111 \times 11111 = 123454321$$

규칙 ① 자리 수: (곱하는 두 수의 자리 수의 합-1)자리
규칙 ② 계산 결과의 가운데 자리의 숫자가 곱하는 하나의 수의 자리 수가 됩니다.
규칙 ③ 가운데 자리의 숫자를 기준으로 앞, 뒤로 1씩 작아집니다.

[피라미드 패턴 곱]

2 규칙을 찾아 □ 안에 알맞은 수를 써넣으시오.

$$1 \times 9 = 9$$
$$12 \times 99 = 1188$$
$$123 \times 999 = 122877$$
$$1234 \times 9999 = 12338766$$
$$12345 \times 99999 = 1234487655$$
$$123456 \times 999999 = 123455876544$$

$$123456-1 \qquad 999999-(123456-1)$$

두 자리 패턴 곱셈

다음은 십의 자리 숫자가 같고, 일의 자리 숫자의 합이 10인 두 자리 수의 곱셈입니다.

3 7	8 2	7 5	4 4
× 3 3	× 8 8	× 7 5	× 4 6
1 2 2 1	7 2 1 6	5 6 2 5	2 0 2 4

❶ 두 수의 곱을 두 숫자씩 나눈 다음 각각 두 수의 곱으로 나타내었습니다. 규칙을 찾아 □ 안에 알맞은 수를 써넣으시오.

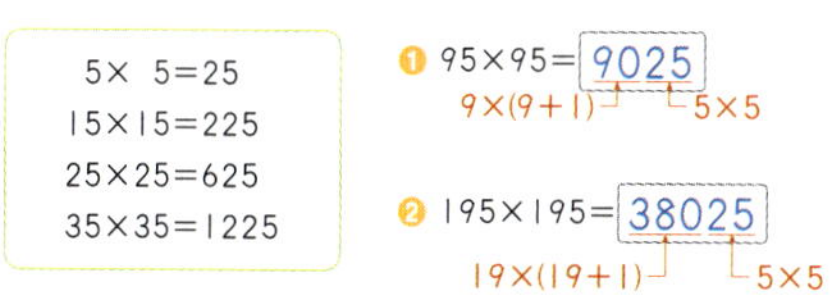

3 7	8 2	7 5	4 4
× 3 3	× 8 8	× 7 5	× 4 6
1 2 2 1	7 2 1 6	5 6 2 5	2 0 2 4
3×4 7×3	8×9 2×8	7×8 5×5	4×5 4×6

❷ 규칙을 찾아 다음 곱셈을 간단히 계산하시오.

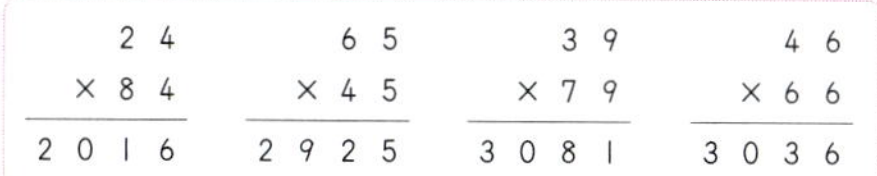

5 8	6 7	7 7
× 5 2	× 6 3	× 9 1
3 0 1 6	4 2 2 1	9 0 0 9
5×(5+1) 8×2	6×(6+1) 7×3	9×(9+1) 9×1

[제곱수]

1 왼쪽과 같이 같은 수끼리 곱한 수를 제곱수라고 합니다. □ 안에 알맞은 수를 써넣으시오.

$$5 \times 5 = 25$$
$$15 \times 15 = 225$$
$$25 \times 25 = 625$$
$$35 \times 35 = 1225$$

❶ $95 \times 95 = 9025$
$9 \times (9+1) \qquad 5 \times 5$

❷ $195 \times 195 = 38025$
$19 \times (19+1) \qquad 5 \times 5$

[두 자리 변형 패턴 곱셈]

2 다음은 일의 자리 숫자가 같고, 십의 자리 숫자의 합이 10인 두 자리 수의 곱셈입니다. 계산 방법의 규칙을 찾아 곱셈을 간단히 계산하시오.

2 4	6 5	3 9	4 6
× 8 4	× 4 5	× 7 9	× 6 6
2 0 1 6	2 9 2 5	3 0 8 1	3 0 3 6

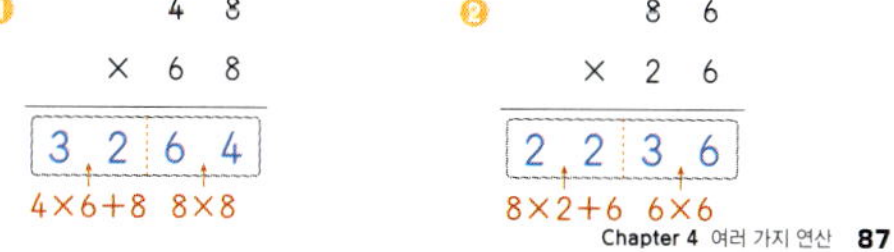

❶	❷
4 8	8 6
× 6 8	× 2 6
3 2 6 4	2 2 3 6
4×6+8 8×8	8×2+6 6×6

정답 및 해설 **19**

12 나눗셈과 나머지

다음은 고대 이집트인들의 나눗셈 방법입니다.

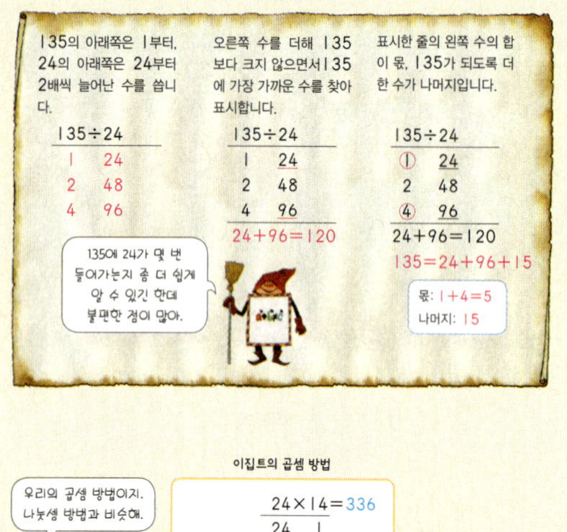

우리의 곱셈 방법이지. 나눗셈 방법과 비슷해.

이집트의 곱셈 방법

$$24 \times 14 = 336$$

24	1
48	2 ∨
96	4 ∨
192	8 ∨
336	14

48+96+192 ┘   └ 2+4+8

이집트의 나눗셈 방법으로 몫과 나머지를 구하려고 합니다. □ 안에 알맞은 수를 써넣으시오.

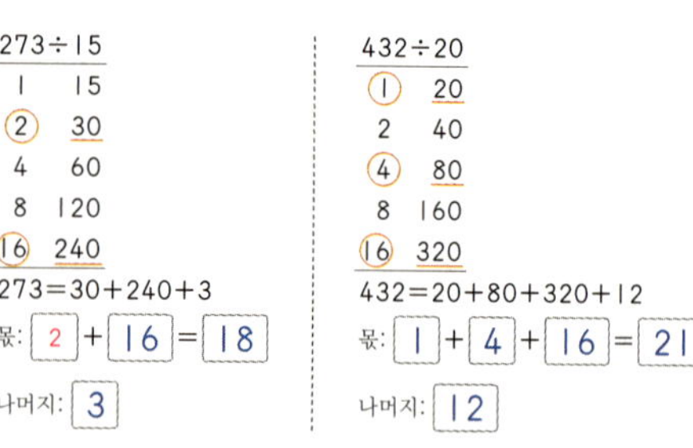

$273 \div 15$

1	15
②	30
4	60
8	120
⑯	240

273=30+240+3

몫: 2 + 16 = 18

나머지: 3

$432 \div 20$

①	20
2	40
④	80
8	160
⑯	320

432=20+80+320+12

몫: 1 + 4 + 16 = 21

나머지: 12

노크 포인트

① (어떤 수)÷25=(몫)⋯(나머지)이므로 (어떤 수)=25×(몫)+(나머지)입니다.

② 나눗셈에서 몫이 크려면 나뉠 수는 크게, 나누는 수는 작게 해야 합니다. 반대로 몫이 작으려면 나뉠 수는 작게, 나누는 수는 크게 해야 합니다.

③ 나머지는 어떤 수로 나누고 남은 수이므로 나누는 수보다 항상 작아야 합니다. 가장 큰 나머지는 (나누는 수)-1 입니다.

몫이 가장 클 때와 가장 작을 때

숫자 카드를 한 번씩 모두 사용하여 (세 자리 수)÷(두 자리 수)를 만들려고 합니다. 몫이 가장 클 때와 작을 때의 몫과 나머지를 알아봅시다.

3 6 1 5 2

❶ 숫자 카드를 한 번씩 모두 사용하여 가장 큰 세 자리 수와 가장 작은 두 자리 수를 만드시오. 653, 12

❷ 몫이 크려면 나뉠 수는 크게, 나누는 수는 작게 만들어야 합니다. ❶에서 구한 수로 (세 자리 수)÷(두 자리 수)의 나눗셈식을 만들고 몫과 나머지를 구하시오.

	가장 큰 세 자리 수	가장 작은 두 자리 수	몫	나머지
몫이 가장 큰 식:	653	÷ 12	= 54	⋯ 5

❸ 몫이 작으려면 나뉠 수는 작게, 나누는 수는 크게 만들어야 합니다. (가장 작은 세 자리 수)÷(가장 큰 두 자리 수)로 몫이 가장 작은 나눗셈식을 만들고, 몫과 나머지를 구하시오.

몫이 가장 작은 나눗셈식은 꼭 한 가지 방법만 있는 것은 아니야.

	가장 작은 세 자리 수	가장 큰 두 자리 수	몫	나머지
몫이 가장 작은 식:	123	÷ 65	= 1	⋯ 58

[몫이 가장 클 때의 나머지]

1 1, 5, 6, 7을 한 번씩 사용하여 (두 자리 수)÷(두 자리 수)의 나눗셈식을 만들려고 합니다. 몫이 가장 클 때의 나눗셈식을 쓰고 나머지를 구하시오.

$$76 \div 15 = 5 \cdots 1, \ 1$$

[몫이 가장 작을 때의 몫과 나머지]

2 다음 숫자 카드를 한 번씩 모두 사용하여 (세 자리 수)÷(두 자리 수)의 나눗셈식을 만들려고 합니다. 몫이 가장 작을 때의 나눗셈식을 쓰고 몫과 나머지를 구하시오.

2 0 3 1 5

$$102 \div 53 = 1 \cdots 49, \ 1, \ 49$$
$$또는 \ 103 \div 52 = 1 \cdots 51, \ 1, \ 51$$

20 D5 연산

92 / 93

 몫과 나머지가 같은 나눗셈

어떤 수를 21로 나누었더니 몫과 나머지가 같습니다. 이러한 수 중에서 가장 큰 수를 구해 봅시다.

❶ 어떤 수를 21로 나눌 때 나올 수 있는 가장 큰 나머지는 얼마입니까? 20

❷ ❶에서 구한 나머지와 몫을 이용하여 나눗셈식의 □ 안에 알맞은 수를 써넣으시오.

(어떤 수)÷21= 20 … 20

❸ ❷에서 구한 나눗셈식을 검산식으로 바꾸어 어떤 수를 구해 보시오. 440

검산식 (어떤 수)= 21 × 20 + 20 = 440

[가장 큰 수, 가장 작은 수]

1 다음 나눗셈의 몫이 30이라고 할 때, □ 안에 들어갈 수 있는 가장 큰 수와 가장 작은 수를 구하여 차례로 쓰시오. **가장 큰 수: 464, 가장 작은 수: 450**

□ ÷15

① □가 가장 큰 경우 ➡ 나머지가 14
　□÷15=30…14
　□=15×30+14=464

② □가 가장 작은 경우 ➡ 나머지가 0
　□÷15=30
　□=15×30=450

[몫과 나머지가 같은 세 자리 수]

2 어떤 세 자리 수를 40으로 나누었더니 몫과 나머지가 같습니다. 이러한 수 중에서 가장 큰 수는 얼마입니까? **984**

999÷40=24…39
998÷40=24…38
　⋮
984÷40=24…24

---

94 / 95

창의적 문제해결력

1 다음 숫자 카드를 한 번씩 모두 사용하여 만들 수 있는 모든 세 자리 수의 합을 구하시오. **4662**

7 8 6

숫자 카드 3장으로 만들 수 있는 세 자리 수는 모두 6개이고,
7, 8, 6이 각 자리별로 모두 2번씩 사용되므로
- 일의 자리 수의 합: (7+8+6)×2=42
- 십의 자리 수의 합: (7+8+6)×2×10=420
- 백의 자리 수의 합: (7+8+6)×2×100=4200
➡ 42+420+4200=4662

2 다음 계산 결과를 보고 □ 안에 알맞은 수를 써넣으시오.

5×9=45
55×99=5445
555×999=554445
5555×9999=55544445

55555×99999= 5555444445

55555−1 99999−(55555−1)

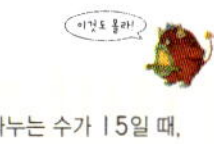

3 규칙을 찾아 패턴이 있는 곱셈을 간단히 계산하시오.

❶
```
   7 3        5 8
 × 7 7      × 5 2
 5 6 2 1    3 0 1 6
```

```
   3 6
 × 3 4
 1 2 2 4
```
3×(3+1) 6×4

❷
```
   6 4        2 7
 × 4 4      × 8 7
 2 8 1 6    2 3 4 9
```

```
   3 5
 × 7 5
 2 6 2 5
```
3×7+5 5×5

❶ 십의 자리 숫자는 같고, 일의 자리 숫자의 합은 10인 두 자리 수의 곱셈입니다.
❷ 십의 자리 숫자의 합은 10이고, 일의 자리 숫자는 같은 두 자리 수의 곱셈입니다.

4 세 자리 수 중 80으로 나누었을 때 몫과 나머지가 같은 수는 모두 몇 개입니까? **11개**

972÷80=12…12
891÷80=11…11
810÷80=10…10
　⋮
243÷80=3…3
162÷80=2…2
➡ 972, 891, 810……243, 162

정답 및 해설 **21**

MEMO

MEMO

MEMO

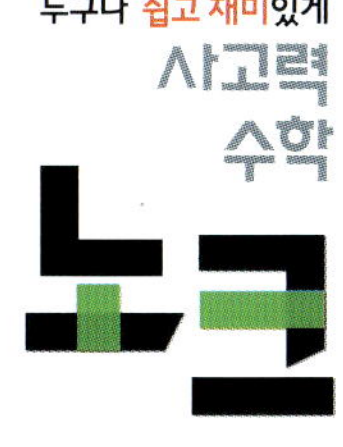

누구나 쉽고 재미있게
사고력
수학
누크

정답 및 해설

연산

D5
(11~12세)

누구나 **쉽고 재미있게**
사고력
수학
노크